21世紀を拓くエクセレントカンパニー

煌めく企業

オンリーワン、ナンバーワン

2021年版

浪速社

「煌めくオンリーワン・ナンバーワン企業　２０２１年版」

21世紀を拓くエクセレントカンパニー

はじめに

　新型コロナウイルスの感染で日本経済は大きな打撃を受けています。とくに観光、運輸、ホテル、飲食などのサービス産業をはじめとした業界のダメージは大きく、外出自粛による医療機関の経営悪化も取り沙汰されています。

　こうしたことを受けて政府は融資や各種給付金の実施など、懸命な財政出動を行いましたが、今回の打撃に見合うだけのお金を国民・企業に行き渡らせるまでには至っていません。社会の様式が激変し、今後もコロナウイルス感染の動向次第では世界にどのような影響が及ぼされるのか計り知れません。とりわけ「新冷戦」といわれる米中の対立は国際経済の今後に暗い影を投げかけ、地球規模のサプライチェーンの再構築に迫られています。

　先行きの見えない今、日本経済が立ち直り、飛躍していくために必要なのは、国民一人ひとりの意識変革ではないでしょうか。仕事があるのが当たり前という感覚から、仕事があるのが幸せという感覚へ。そしてパナソニックの創業者、松下幸之助の言葉である「社員一人ひとりが経営者の意識で仕事に取り組む」という気概が今こそ求められているといえます。このような仕事への向き合い方が、今後の日本経済復活、飛躍のカギとなるように思われます。

今回、シリーズ第六弾となる「煌めくオンリーワン・ナンバーワン企業　２０２１年版」が発刊の運びとなりました。ここに収録された経営者の皆さんは、コロナ禍にめげず不断の経営革新とオリジナリティあふれたチャレンジ精神で企業の発展、成長に尽力され、ピンチをチャンスに変えるタフで逆境に強い経営を構築されています。

本書では、斬新なビジネスモデルや独創的な商品・サービス、また経営者の強烈なリーダーシップや経営を力強くサポートする情熱と意欲にあふれたスタッフの活躍が活き活きと描かれています。ここに収録された二十三社の企業はいずれも、「独創性」を身上とする企業文化、斬新なハード・ソフトのイノベーションを駆使し、コロナ禍においても不断の研鑽を怠らずサスティナブルな成長を遂げる活力あふれる企業ばかりです。

本書が、ウイズコロナあるいはポストコロナに向けてオンリーワン企業、ナンバーワン企業、リーディングカンパニーへ飛躍を期す企業経営者の皆様の今後に何らかのご参考になれば幸いです。

最後になりましたが、本書の制作にあたって多忙な中、私たちの取材にご協力いただきました経営者の皆様、出版に当たって多大なご協力頂いた関係者、スタッフの皆様に深甚の御礼を申し上げます。

令和三年八月

ぎょうけい新聞社

目次

（掲載は50音順）

煌めく　オンリーワン・ナンバーワン企業　２０２１年版

21世紀を拓くエクセレントカンパニー

人々の健康と快適な生活の実現を目指す
感染症トータルケアカンパニー

『お客様目線』でニーズのある分野に果敢に挑戦

Act For Life
地球を、キモチいい家に。
アース製薬

社員一人ひとりが
互いを想い合い、全員
の顔が見える会社にして
いきたいというのが
私たちの目指す
所です

アース製薬株式会社

代表取締役社長 CEO
アースグループ各社取締役会長

川端　克宜

虫ケア用品（殺虫剤、防虫剤）をはじめ、入浴剤、オーラルケア、消臭芳香、介護、ガーデニング用品など生活に密着した幅広い商品を扱うアース製薬株式会社。創業当時は、炭酸マグネシウムからスタートし事業を行っていた同社は、歴史を重ねるとともに、多彩な商品群を展開。今では人々の生活を幅広く支え、その質を向上させる日本を代表する日用品メーカーとして不動の地位を築いている。

「商品開発の出発点は全てお客様。お客様目線に立ち、お客様が求めているものを私たちが持ち得る技術で生み出していく。今後も過去の成功体験に固執することなく、ニーズのある分野に果敢に挑戦していきたいと考えています」

こう力強い口調で話すのは、アース製薬株式会社の代表取締役社長CEOである川端克宜氏。アースグループのトップとして多忙な日々を送る同氏に、アース製薬の過去・現在・未来をあますことなく語ってもらった。

「ごきぶりホイホイ」の大ヒットでピンチを脱出

平成18年に東証一部上場。誰もが知る全国区の会社へ

アース製薬の創業は明治25年。当初は木村製薬所という社名で炭酸マグネシウムの会社としてスタートした。昭和4年に殺虫剤の元祖というべき「アース」を発売。その後東京オリンピックが開かれた昭和39年に社名をアース製薬に変更。この社名は周知のとおり、半世紀以上経った今も変わらず使われている。

「社名変更の議論はこれまでなかったわけではありませんが、アース（地球）を超える社名はないと

東京都内にある本社社屋と
隣接する Act Terrace

いうことで今日まで受け継がれてきました」

殺虫剤を主力商品として事業を進めてきた同社に大きなターニングポイントが訪れる。それが昭和45年の大塚グループへの資本参加だった。

「事業が傾いていた所を大塚グループに助けて頂きました。これを当社の第二創業期と位置付けています」

最大のピンチを脱したアース製薬はここから快進撃を始める。進撃のきっかけとなった商品こそ、誰もが知る「ごきぶりホイホイ」だ。

「大塚正富社長（当時）が車の中からセミを取る子供を見て、『トリモチを使えばすぐ取れるのに…』とふと思ったことが開発に繋がったと聞いています」

昭和48年に発売すると、世間のニーズとマッチし、大ヒットを記録。当時製造工場は24時間フル稼働で、商品を取りにくるトラックが何台も行列を作っていたという。

以後、会社の業績は右肩上がりに伸びてゆき、昭和53年に「アースノーマット」、同59年に「アースレッド」、平成8年に「アースジェット」など、各種商品はことごとくヒットし、成長は加速。平成18年には東証一部上場を果たすなど、アース製薬は誰もが知る全国区の会社へと進化を遂げていく。

下降線を辿っていたガーデニング事業を立て直す

平成26年にアース製薬代表取締役社長に就任

川端社長自身は平成6年にアース製薬に入社。以降、任されたポジションで結果を残し続け、平成24年に当時業績のおもわしくなかったガーデニング事業部を託されることに。

「大塚達也社長（当時）は、『ガーデニング部門を次の事業の柱にしたいがうまくいかない。川端にすべてを任せて、うまくいかなければ事業を畳んでもいい』との考えで私に託して下さいました」

川端社長は業績回復に向け、試行錯誤を続け「他社にはないキラーコンテンツ作り」をポイントと位置付けた。そして平成25年に「アースガーデン　おうちの草コロリ」を開発。これがヒット商品となり、下降線を辿っていたガーデニング事業を成長軌道に乗せることに成功した。こうした活躍ぶりが社内外で高く評価され、平成26年、自身42歳の時にアース製薬株式会社の代表取締役社長への就任を果たした。

「就任の打診を受けた時は驚きましたが、やるからには悔いのないようにという思いでした。企業トップという立場になっても、これまで培ってきた自分の経験と感覚を信じて失敗を恐れず色んなことに挑戦していこうと」

入社から約20年という節目の年での社長就任。川端社長の新たな挑戦が始まった瞬間だった。

成長発展に繋がる様々な取り組みを実施

買収や海外事業強化、「殺虫剤・防虫剤」を「虫ケア用品」に

社会のニーズを意識しながら虫ケア用品をはじめ多彩な商品を展開

「自分で良いと思ったアイデアは先送りをせずどんどん実行していく」

こうしたスタンスで川端社長は企業トップとしてアース製薬に様々な変化をもたらしていく。その第一弾が平成26年に白元アース株式会社を設立して株式会社白元の事業承継だ。

「事業領域がよく似ていたことから、当社が経営を引き受けることで業界内での混乱も少なく、さらに今後の事業展開で相乗効果が期待できると判断しました」

そして翌平成27年からは、海外事業の強化策を実行に移していく。中国（上海）に現地法人を新設し、販売体制の強化を図るとともに、日中合同の製品開発チームを設立。その後、ベトナム企業の子会社化やマレーシアでの現地法人設立と、範囲拡大を進めた。

こうした海外事業強化の背景を川端

社長は次のように説明する。

「今後、日本の人口はゆるやかに減少していく一方、世界全体では人口が増えると予測されています。加えて日本の気候の読みづらさ。ここ数年異常気象がずっと続いており、異常が日本のスタンダードといえる状況です。これら要因から事業の柱を国内以外にもう一つ作っておく必要性を感じ、世界に目を向けました」

現在アース製薬が進出しているのは中国やタイ、ベトナム、マレーシアといったＡＳＥＡＮ諸国のみ。進出国選定のポイントとして川端社長は「ニーズの有無」をあげる。「ただ売上げを上げるというだけなら、人口が多く、土地の大きな国に進出すべきですが、私たちが大切にしたいのは市場のシェアとお客様の支持率。当社の商品がその国にとって本当に役立つのかどうか。それによってお客様に喜んで頂けるか、お客様目線を大事にしております。多くのお客様から受け入れて頂ける国の情報収集は徹底して行っています」

さらに平成30年には、商品カテゴリの名称に変化を加えた。長年使われてきた「殺虫剤・防虫剤」という名称を「虫ケア用品」と改めたのだ。「一部のお客様から『殺虫剤という言葉の響きに抵抗を感じる』というお声を頂いたことがきっかけでした。それなら変えてしまおうと。『虫を殺す』というより、『人を守る』という想いを伝えていければ」

日本ＭＡ－ＴＴ工業会の発足で新たな価値・産業を創造

モットーは「継続は力なり」、「人間万事塞翁が馬」

アース製薬に次々と大きな変革もたらしてきた川端社長の挑戦はこれだけにとどまらない。令和2年、今度は幅広い分野の企業をも巻き込んだプラットフォーム構築として「一般社団法人日本MA-T工業会」を発足させた。MA-Tとは「Matching Transformation System」の略で、日本が生み出した革新的な酸化抑制技術。ウイルスの不活化や細菌の殺菌を可能にするなど、あらゆる可能性を秘めている。

「MA-Tは新型コロナウイルスの感染対策、さらには医療・食品衛生・農業分野におけるイノベーションなど新たな価値・産業の創造。そして地球環境の貢献にもつながる優れた技術です。当会の活動を通してMA-Tの普及・発展に力を注ぎ、感染症の対策など社会課題の解決に繋げていきたいと考えています」

アース製薬含め、すでに各分野のリーディングカンパニーを含む60を超える企業が参加。産官学の連携構築など、MA-Tの応用技術開発促進に向け、着々と体制を整えている。

社長就任から今に至るまで、上述した様々な取り組みを力強く実行に移してきた川端社長。そんな彼には自身の行動の源となる2つのモットーがある。それが「継続は力なり」、「人間万事塞翁が馬」だ。

「アース製薬に入社以後、何事も継続をすることで目標や目指すべき道が開けたことは今まで多くありましたし、自分にとって困難な出来事に直面した場合も、成長に繋がる試練だと思って全て受け入れてきました。過去の偉人や成功者といえる方々の人生を振り返ってみても、皆山あり谷ありの人生を送っているように、ピンチは自分自身の成長の糧になる。だからどんなことが起こっても諦めずに耐えて続けていれば、いつか人生花開く。そう思ってこれまでやってきました」

「さらなる成長のためには社員全員の力が不可欠」

CSV（共通価値の創造）の追求は今後も最優先の経営目標

創業から130年近くという長い歴史を刻んできたアース製薬は、社会のニーズを常に意識しながら虫ケア用品をはじめとした様々な生活用品を世に送り出してきた。売上げの増加とともに会社規模も拡大を続け、今では連結で4000名を超える従業員を擁する巨大企業に。川端社長は「現状はまだまだ通過点でしかありません。M&Aによる事業領域の拡大や海外事業の強化などで成長をより加速させていきたい」と前を見据える。そしてこうした成長のためには「社員全員の力がもちろん不可欠」とも。「一人ひとりのモチベーション、社員同士のコミュニケーション。こういった部分を大事にしながら、より強固な組織を構築していくことに注力しなければいけません」

社員の重要性を強調する川端社長は、組織が大きくなった今も、新卒の最終面接には自らおもむき、学生一人ひとりと向き合う。「就職は人生の中でも大きなイベント。その時に会社トップの顔が見たいとは皆が思うこと。入社後のミスマッチをなくすためにも、私からしっかりと当社の雰囲気や現状をお伝えさせて頂いています」

アース製薬には「社員は家族」という昔からの伝統がある。「社員一人ひとりが互いを想い合い、全員の顔が見える会社にしていきたいというのが私たちの目指す所です」社員が働きやすい環境を作ろうと、様々な取り組みを行う中、令和元年には社員同士のコミュニケーションの場として「Ａｃｔ Ｃａｆｅ（アクトカフェ）」を本社の隣に位置するＡｃｔ Ｔｅｒｒａｃｅ（アクトテラス）に新設した。木目の床やソファ、緑が茂るこのコミュニケーションスペースは、会社の中にあるということを忘れさせ

社員のコミュニケーションの場として使われる Act Cafe

るお洒落な空間が広がる。

「あとはどう活用するか。社員にはActCafeなどの環境をなぜ作ったのかを理解して欲しい。ただ箱を作るだけではなく、その意味を理解し、行動に繋げてくれれば」

誰もが知る国内屈指のグループとなった今も、常に最善を求め、必死にあがき、新たなチャレンジを続ける川端社長。

「私たちの事業は活動がそのまま社会への貢献に繋がるもの。そういう意味で経済効果と社会的価値の創出を目指すCSV（共通価値の創造）の追求は今後も最優先の経営目標にしていきたい。社名のアース＝地球の環境面もしっかり考慮に入れながら、一日一日悔いのないように社長業を全うしていきます」ときっぱり語る。

平成29年に自らが発案したアース製薬の理念、「生命（いのち）と暮らしに寄り添い、地球との共生を実現する」にブレない事業活動を、今後もスタッフ一丸となって力強く推し進めていく。

President Profile

川端　克宜（かわばた・かつのり）

昭和 46 年生まれ。兵庫県出身。
近畿大学卒業後アース製薬入社。営業職を経て平成 18 年広島支店長。
同 21 年大阪支店長。同 23 年役員待遇大阪支店長。同 24 年役員待遇ガーデニング戦略本部長。
同 25 年取締役ガーデニング戦略本部長。
同 26 年 3 月代表取締役社長就任。
同 29 年 1 月アースグループ CEO 就任。
令和 3 年 3 月アース製薬代表取締役社長 CEO 兼 グループ各社取締役会長就任。

Corporate Information

アース製薬株式会社

https://corp.earth.jp/jp/index.html

地球を、キモチいい家に。
EARTH Act For Life アース製薬

所在地

〒101-0048　東京都千代田区神田司町 2-12-1
TEL　03-5207-7451（代表）　FAX　03-5207-7484

創業

明治 25 年 4 月

設立

大正 14 年 8 月（大塚グループ資本参加　昭和 45 年 2 月）

資本金

98 億 2,937 万円

従業員数

単体　1,268 人（連結　4,255 人）

事業内容

医薬品、医薬部外品、医療用具、家庭用品などの製造・販売並びに輸出入

アースグループ 経営理念

生命と暮らしに寄り添い、地球との共生を実現する。
We act to live in harmony with the Earth.

健康促進を支える様々なサービスの提供で「ありがとう」が生まれる場所

健康事業を通して地域と社会に貢献

一日一日を
全力で生きていく
ことの積み重ねが、
明るい未来をつくると
信じています

アイジャパングループ

代表取締役　**石川　翔太**

いつの時代も世界共通で誰もが追い求める「健康」。人々の「健康を手にしたい」というニーズに応えるべく、自治体や企業が持てる技術や知識、ノウハウを活かして、健康の維持・促進に関係する様々な事業を展開している。一方で競争も激しく、淘汰されるところも少なくない。こうした中にあって、社会のニーズにマッチした健康サービスを提供し、コロナ禍の現在においても力強く成長を続ける企業がある。それが九州・大分に本社を構えるアイジャパングループだ。整骨院、フィットネス運営、フィットネスFC事業をメインに今、多くの顧客から厚い信頼を獲得している。

「健康をテーマにいかに優れたサービスを提供していくか。今は運動分野が中心ですが、中身にこだわらず、あらゆる方面から皆さんの心身の健康に貢献していきたいと考えています」

こう話すのはアイジャパングループ代表取締役の石川翔太氏。現在32歳の石川代表は、10年前に22歳の若さで起業し、これまで山あり谷ありの事業運営を行ってきた。

時代の荒波を乗り越え、事業を軌道に乗せた若き経営者は、「お客様、従業員、社会にとって素晴らしい関係性を保ち、『ありがとう』を演出する組織運営を展開していきます」と力強く語る。

プロ野球への夢を諦め、地元大分の整骨院へ

「人から愛され、社会に役立つ仕事がしたい」と起業

アイジャパングループの創業は平成24年で、当時サンキューアライズという社名で整骨院向けのコンサルティング会社としてスタートした。創業のきっかけは、石川代表の中学時代にまで遡る。

「中学の時に腰痛ヘルニアを患い、初めて整骨院に行きました。そこでお客さんがみんなありが

アイジャパングループの成長を支える精鋭スタッフ

とうと言って帰る光景を目の当たりにして、〝自分も将来は人から愛され、社会に役立つ仕事がしたい〟と思うようになりました」

こうした想いを胸に秘めながら高校にあがった石川代表は、高校3年間で打ち込んでいた野球の才能が開花し、プロを含め多方面から注目される存在に。その後、スポーツ推薦で東京の日本体育大学に進み野球人としてキャリアを積んでいくことになった。ところが大学1年の時に大きなケガに見舞われ、これをきっかけに野球人としての夢を断念。部活も大学も辞めることとなった。

「今まで野球しかやってこなかったので、心の中が空っぽになりました」。心の穴を埋めるために、石川代表が行ったこと。それは〝仕事〟だった。

「東京で約1年間がむしゃらに色んなバイトをやりました。働いてお金を稼ぐことは新鮮でしたし、社会人として貴重な経験を積むことができました」。20歳になった石川代表は、定職につくため地元大分に帰郷。整骨院に就職して新たなスタートを切った。

「私は柔道整復師の免許を持っていなかったので、主に施術以外のマネージメント的な業務を担当していました」

目に見える結果を出そうと朝から晩まで必死に働いた石川代表は、担当した店舗をすぐに人気の整骨院に仕立て上げるなど、めきめきと頭角を現していった。

その後グループ幹部になった石川代表は、自身で構築した整骨院の経営ノウハウを他院に伝授するなど、仕事の軸足をコンサルティング業務にシフト。順調に仕事をこなしていたが、一方で独立願望も募らせていく。「中学時代に抱いていた〝人の役に立つ仕事〟という夢を自分自身で手掛けてやってみたいなと」。こうして約2年間勤めた会社を円満退社し、平成24年4月に独立。アイジャパングループの歴史が始まっていく。

これまでのノウハウを活かして人気の整骨院をつくりあげる

挫折を機にワンマン型から協調型の経営スタイルへ

独立後も自身の得意分野である整骨院運営に関わるコンサルティング業務を行っていた石川代表だったが、平成25年に自社で整骨院の経営をスタート。1号店である「ひなた整骨院」は、地域の人々から受け入れられ、経営的にも大成功をおさめた。自信と手応えを得た石川代表は、平成27年に2店舗目の整骨院を開院。誰もが成功を疑わなかったが、売上げは思うように伸びなかった。また追い打ちをかけるように、スタッフがどんどん辞めていき、経営自体も暗礁に乗り上げる。この時石川代表は経営者として初めて挫折を味わうこととなった。上手くいかない理由を考え、見つけた答えが、「自分もアイジャパングループの一つのピースに過ぎない」ということだった。

「今までは自分が企業のトップとして引っ張っていけば全て上手くいくと思っていました。しかし実際はそうではなく、自分もスタッフ達と同じ立ち位置でいるべきだと。その中で社長業をこなしていこうと考えたのです」

ワンマン型経営から協調型経営へ。こうしたスタイルへの変更を行って以降は、スタッフも定着し、分院の経営も安定。アイジャパングループは再び成長曲線を描くようになった。

そんな中で石川代表は、将来を見据え、新たな事業展開を模索するようになる。試行錯誤を繰り返し、情報収集を行う中で、ある一人の先輩経営者からの助言に耳を傾けた。

「その方からは『経営で大切なのは永続。そして永続のためには生涯顧客をいかに獲得できるかが大事になってくる』と教えていただきました」

初心者でも気軽に利用できる小型のフィットネスジム「ＡＳＳｉＳＴ24」

オーナーにメリット多い店舗の小型化と〝アクティブフィットネス〟

整骨院では体の調子が良くなれば患者（顧客）は来なくなり、必然的に新規の患者（顧客）を追い求めていかざるをえない。石川代表は先輩からの助言をヒントに健康予防をテーマとし、生涯に渡りクライアントと繋がりをもてるフィットネスジムをつくることを決意。平成28年に既存の整骨院と併設する形で、フィットネスジム「ＡＳＳｉＳＴ」を開設した。翌29年にはニーズに応えようと24時間営業にシフト。さらに30年には「ＡＳＳｉＳＴ24」のフランチャイズ事業を開始した。

アイジャパングループで運営しているフィットネスジムにはいくつかの特徴がある。石川代表は「私たちが目指したのは会員の皆さんが幽霊会員とならない〝アクティブフィットネス〟」だと説明する。現在国内のフィットネス業界は、会員になったものの利用率が低い幽霊会員が多いのが現状だ。

「月会費は入ってくるので売上げは安定するかもしれませんが、お客様との繋がりは希薄になります。これでは意味がないと考えました」

アイジャパングループの事業の柱となっている「ASSiST24」

石川代表は、ジムの規模を小型化させ、器具のレイアウトやスタッフ対応を徹底し、初心者含め、誰でも気軽に利用できる、敷居の低いフィットネスジムづくりにこだわった。

「会員の皆さんが毎日参加し、ジムが地域のコミュニティになる形が私たちの目指すところです」

またこうした形態は「FCに加盟するオーナーにも多くのメリットがあります」とも。

「規模を小さくすることで、イニシャルコストやランニングコストを抑えられ、ローリスクで運営を行うことができます。またアクティブフィットネスであれば、今回のコロナのような不測の事態に陥っても退会者が少なかったことなど、時流に左右されにくい。さらに会員様との深い繋がりがもてますので、オーナーが別事業を始める時にもお勧めしていただけます」

利用者、そして投資を行うオーナーにもメリットが多い「ASSiST24」は、事業開始以降、会員・加盟店を増やし、今やアイジャパングループの収益事業の柱になるまでに成長した。

目標は「ASSiST24」の全国1446店舗への展開

モットーは「今を生きる」

現在アイジャパングループは、整骨院を大分県内に2店舗。そしてフィットネスジム（ASSiST24）は九州全域、山口、広島、岡山、神奈川エリアに計31店舗展開している。

「令和2年は新型コロナウイルスの感染拡大の影響で出店数は伸び悩みましたが、令和3年からは全国のオーナーから問い合わせを多く頂くなど、上向きになっています。またASSiST24を利用いただく会員様に関しては、コロナ禍で健康意識が高まったこともあり、ずっと増加傾向にあります」と、出店数・会員数ともに順調さをアピール。石川代表は「ASSiST24は都心部というより地方向けのビジネスモデル。当社で先日出店候補エリアを調べた結果、全国に1446店舗の出店が可能とわかりました。この目標に向かって今後も拡大を続けていきたい」としっかりと前を見据える。これまで幾度となく挫折や失敗を経験しながらも、そこから学び自身の成長の糧としてきた石川代表。そんな自身のモットーは「今を生きる」というもの。

「今のコロナ禍や、ライン・スマートフォンの普及などを、例えば10年～20年前に想像できたかといえば誰もできないと思うんです。であれば私は今この一瞬を後悔なく全力で生きるしかないなと。一日一日を全力で生きていくことの積み重ねが、明るい未来をつくると信じています」

コロナ禍の前から展開していた「ASS-iST24」は、奇しくもコロナ禍の不況や社会様式に対応する店舗形態だったが、こうした結果も「これまで全力で生きてきたからこそ」だと石川代表。「今後もいつ何時、誰も予想できないことが起こるかもしれませんが、まずは今を大切に、一歩一歩未来へ向けて着実に進んでいきたいと思います」

若さを武器に「動」で突っ走ってきた20代から「静」の30代へ

「身体と心を豊かにするサービスを創造・発信・実現する」

石川代表が22歳の若さで起業した会社は、令和4年に創業10年を迎える。現在事業エリアは地元大分を飛び出し全国へ拡大しつつある。業容の拡大に伴いスタッフも年々増加し、今では50人を数える。リーダーとして事業を牽引してきた石川代表は、30歳になるまで休日や睡眠時間を削るなどし、人生の全てをアイジャパングループに捧げてきた。

「経営者としての経験が浅いという弱点を若さでカバーしてきたのが20代の自分だったと思います」と振り返る。

30歳になってからは仕事のスタンスを意識的に変えたという。「20代の頃は365日仕事のことを考えていましたが、30歳を超えてからは一週間まるまる休みを取って沖縄にひきこもるなど、仕事のオンオフをしっかりつけるようにしました。仕事から離れる時間は増えましたが、変わりに色々新しい発想やアイデアが生まれてくるようになりましたね。今は仕事と休日のメリハリの大事さを実感しています」

スタッフとのミーティングで
現状分析や今後の事業展開を決めていく

会社だけではない。石川代表自身も、この10年で経営者として、また一人の人間として大きな成長を遂げてきたのだ。石川代表自身30歳という節目を迎える中、会社も近く10年という節目を超え、石川代表は、「健康というテーマは今後もぶれずに、ニーズを捉えて色んな事業に挑戦していきたい」と抱負を述べる。

「ASSiST24を通して人が集まるコミュニティはある程度作れたと考えています。今度はそうして集まってくださった方々に対して、アプリを通しての食事サポート。さらには地域の医療機関と会員様とを繋ぐ架け橋的な存在にもなっていきたい」

医療機関との連携について石川代表は、「コロナ禍の影響で患者さんの受診自粛が続き、地域の医療機関の経営が全体的に厳しくなっているのが現状です。当社のコミュニティを通して医療機関への受診が増えれば、地域医療を活性化し、地域の皆さんの健康増進にも貢献できるのではと考えています」と話す。

「身体と心を豊かにするサービスを創造・発信・実現し、永年続く信頼をお客様に提供する企業」の経営理念のもと、「ありがとうが生まれる場所」アイジャパングループは、今後もスタッフ一丸となって地域社会に貢献していく。

President Profile

石川　翔太（いしかわ・しょうた）

平成元年生まれ。大分県出身。

小学生から野球をはじめ、大分商業高校で1年時からレギュラーで活躍。

同校卒業後、日本体育大学に特待生で入学。

その後、持病のヘルニアが悪化し、野球をやめざるをえなくなり、大学を中退。

20歳で大分に帰郷し、整骨院に2年間勤めた後、22歳で起業。

コンサルティング業からはじまり、その後整骨院事業や24時間利用可能なフィットネスジムのフランチャイズ事業など幅広く事業を展開し現在に至る。

Corporate Information

アイジャパングループ

https：//i-japangroup.com/

所在地

〒870-0131　大分県大分市大字皆春1571-1　ぱせお1F
TEL　097-529-5725　FAX　097-529-5728

設　立

平成27年12月（創業　平成24年4月）

資本金

1000万円

従業員数

50人

事業内容

フィットネス事業、整骨院事業、フランチャイズ本部事業、美容サロン事業、スポーツトレーナー事業、店舗・事務所・住宅コーディネーター、子育て支援事業、広告代理店事業、デザイン・製作・印刷事業

経営理念

身体と心を豊かにするサービスを創造・発信・実現し、永年続く信頼をお客様に提供する企業。

人を大事にする経営スタイルで躍進

銅線リサイクル業界の
リーディングカンパニーを目指す

適正な価格で取引し、
〝儲ける商売〟ではなく
〝儲かる商売〟で
お客様との信頼関係
を築いています

株式会社 天野産業

代表取締役社長　**天野　貴三**

千葉県山武市に本社を構える株式会社天野産業。同社が営む事業はいわゆる非鉄金属卸売業。各企業から出る廃棄物を回収し、それを再生加工した上で、ニーズのある企業へと販売する。

この分野は環境問題への関心の高まりなどから、ニーズ・市場は年々拡大している。一方で「仕事がわかりにくい」「大変そう」といったイメージから、なり手がおらず、慢性的な人手不足を抱える企業が多い業界でもある。

そうした中で、天野産業はここ10年程で人員や売上を伸ばすなどし、事業規模をおよそ5倍に拡大させるなど急成長を遂げてきた。そんな成長著しい企業を力強く牽引している代表取締役社長の天野貴三氏は「成長の要因は言うまでもなくクライアント様など周りの方々の支援。それともう一つはスタッフ一人ひとりの頑張りです。私はスタッフがモチベーションを高く持ち、気持ちよく働ける環境を作ってあげることをずっと大切にしてきました」と力を込める。

産業廃棄物の回収・再生・加工・買取・販売を全て正社員が担当

〝儲ける商売〟ではなく〝儲かる商売〟を実践

物流、製造、建設、その他様々な業種業界から発生する銅線、木製ドラム等の回収・加工・販売を主な事業としている天野産業。取り扱うのは廃電線、非鉄金属、木製ドラム、電気盤、トランス、発電機、鉄スクラップなど。これらを回収し、再生加工を施していく。全国にある各支店には、再生加工に必要な各種設備や職人が揃い、クオリティの高い商品として販売・出荷させる。「重機解体や手選解体などを駆使して、お客さまからお預かりした品物を細かく原料として出荷できるよう

クライアントと信頼関係を構築するためスタッフ全員で仕事の正確性や丁寧さを追求

な技術的な工夫を様々施しています」

運搬に使用する車両も多様なニーズに応えるためにアームロール車やパワーゲート車など様々な車種を完備。会社全体でこうした特殊車両を72台保有している。

また、再生・加工に加え、銅線の買取工程も全て正社員が担当し、スピーディーで正確な仕事を徹底する。

「当社で大切にしているのはお客様との信頼関係の構築です。丁寧な対応はもちろん、買取金額も回収日のレート（日刊産業新聞一号銅線ベース）に合わせて算出し、ご依頼があれば単価算出方法もご提示させて頂きます。適正な価格で取引し、〝儲かる商売〟ではなく〝儲ける商売〟をやっていく。こうした仕事を積み重ねることでお客様と長くお付き合いをさせて頂きます」

正確さと誠実さを大切にしながら一つひとつの仕事をこなしていくことで、リピーターに繋げているのだ。

営業主任、専務取締役として会社に様々な新風を吹き込む

代表取締役就任後も会社は右肩上がりに成長

多くのクライアントから信頼を得て、業界で確固たる地位を築きつつある天野産業。そんな同社の創業は今から41年前の昭和54年。先代が個人商店として銅線買取業を興したのがはじまりだった。それから20年後の平成14年に資本金３００万円で有限会社化。このタイミングで天野社長も天野産業へ入社した。「銅線リサイクル業界に大きな可能性を感じ、入社後本格的に営業活動を始めました」と営業主任として各地を飛び回り、次々と契約を取っていく。天野社長はある程度の事業規模をもつ企業であれば支店ではなく法人本体へ営業を行うなど、これまで誰も実践してこなかった営業手法を取り入れ、営業の新たなスタンダードを構築。さらに千葉県内だけだった営業エリアを関東一円に広げることも実現させ、企業の発展・成長に大きく貢献していった。

こうした活動が認められ、天野社長は専務取締役に就任。専務就任後も会社案内の作成やＩＳＯ９００１・１４００１を取得するなど、会社に様々な新風を吹き込ませた。天野社長が存在感を高めていくと共に、会社は右肩上がりに成長。そして平成23年、先代の後を受け、天野産業の代表取締役社長に就任した。

社長に就任して「さあ、これから！」という時に大きな出来事が訪れる。東北地方を襲った東日本大震災だ。「地震が起こった直後は何も手伝うことができず、ただ見ているだけでした。この時は〝何としても支援をしなければ！〟という想いで一杯でした」

想いを行動に移した天野社長は、被災地に救援物資を届けるなどの活動を無償で行った。被災地

今後も事業拡大に向けて走り続ける」
と話す天野社長

支援に力を注ぐあまり会社は赤字になったが、「困った時はお互い様」と、当然のように支援を続けた。

赤字に陥った会社も、社長に就任後の3年目からは黒字に。天野産業は再び成長曲線を描いて走り出した。今では株式会社となって資本金1億円、スタッフは165人にまで拡大し、全国に支店・工場を構えて営業エリアも全国に広がっている。

天野社長は「まだまだこれからも事業の拡大、会社の成長に向けて走り続けます」と瞳を輝かせる。

成長の要因は人材の確保と育成、職場環境の改善

スタッフの定着率は業界でもトップクラス

天野産業を社長就任からわずか10年程で大きく成長させた天野社長。「私が社長に就任以後、重視したのが将来を見据えた経営計画の立案と人材の確保・育成。スタッフが力を発揮できる職場環

境づくりでした」

5年、10年先を見据えた設備投資を行っていくとともに、マンパワーの充実をはかるため、新卒など若い人材を積極的に採用していった。

「当社には中卒、高卒、大卒のスタッフが在籍しているように、学歴は全く重視していません。諦めない粘り強い心と仕事への意欲、元気さえあれば存分に活躍できる職場です」

「若い人材を戦力に育て上げ、活躍してもらうには、私たち指導する側も多くを求められます。大切にしているのはスタッフの適性をしっかり見極め、現場作業や営業など適材適所に役割を振り分けていくこと。それに世代間によるギャップを正しく理解して、若いスタッフにも理解のできる伝え方や職場の環境を整えてあげることも重要視しています」

経営の神様と呼ばれる松下幸之助の〝企業は人なり〟を、様々な取り組みで体現する天野社長。若い人材を積極的に迎え入れ、〝スタッフを大事にする〟という姿勢は、ここ10年で徹底してきた。

「なり手が少なく定着率の悪さも指摘されている業界ですが、良い会社であれば人は辞めません。そんな中で当社は若い頃から長く働いてくれているスタッフが大勢いるのが特徴で、この会社の大きな強みとなっています」と胸を張る。

「スタッフは自分の家族と同じような存在」

天野産業に息づく〝困った時は助け合う〟の精神

「日本の人口は約1億2500万人です。この中から私たちと一緒に働けるというのは、非常にご縁があるということです。奇跡のような確率で出会えた会社のスタッフ一人ひとりは自分の家族と同じような存在です」

こう話す天野社長は、スタッフとのコミュニケーションを大切にし、コロナ禍の前までは定期的に会食を行ってきた。さらに全てのスタッフに対して、誕生日には天野社長自身の手書きメッセージカードを送っているという。

「スタッフの誕生日が集中する月はメッセージの送り先が多くて大変です」と笑う。

また「この会社は私だけのものではもちろんありません。皆のもので、いわば運命共同体です」とも。

〝困った時は助け合う〟。この精神が息づく天野産業では、病気やプライベートの用事で仕事に穴が空きそうになれば別のスタッフがすかさずそこをカバーする。

「皆には仕事面だけではなくプライベートな面でも充実した生活を送ってほしい」と、天野社長自らスタッフの住まいの世話をすることも。

こうしてスタッフと家族のように接する天野社長だが、2020年にショックな出来事が襲う。スタッフを2名病気で亡くしてしまったのだ。「闘病生活を続けていたスタッフからは、『早く元気になって職場に戻りたい』といった前向きな手紙ももらっていて、良くなることを信じていたのですが…。本当に落ち込みましたが、何とか踏ん張らなければという想いでした」

2020年は大事なスタッフを失ってしまったことや新型コロナウイルスの感染拡大の影響で会社の経営面で様々な課題に遭遇するなど、天野社長にとって試練の年となった。「私が代表に就任して一番困難な年でした。でも明けない夜はないと思っています。またエンジンをかけ直して走り出しますよ」と前を見据える。

会社を永続させるため、しっかりとした経営基盤を

「周りへの感謝の気持ちを忘れずに謙虚な気持ちで仕事と人生に向き合っていきたい」

人生山あり谷あり。この20年、天野産業とともに歩みを続けてきた天野社長。この間プライベートでは9人の子宝に恵まれた。２０２１年には18歳になる長男が天野産業に入社。確実に新たな若い芽も出てきている。

「今後もこの会社が何世代にも渡って永続していくように、しっかりとした経営基盤を築いていきたいと思います。そしていずれは業界を牽引するリーディングカンパニーになっていきたい」

銅線リサイクル業界につきまとう負のイメージを払しょくし、若い世代にとって魅力的な業界にしていきたいというビジョンを掲げる天野社長。令和元年に自ら発起人となって銅線リサイクル企業を営む経営者を集めた同業者会議を業界で初めて開催した。

「業界の変革をテーマに有意義な意見交換ができました。この業界はこれから確実に変わっていく。いや、変えてみせます」

自身の会社だけではなく、業界全体をも変えていこうと意気込む。若い頃から常に新しいこと、誰もやってこなかったことを臆することなく実行に移してきた。そんな天野社長のモットーは「その道において一流」そして「有言実行」だ。「この2つはこれからもぶれることはありません」とキッパリ語る。

周りの人間に大きな影響を与えるカリスマ性を備える一方、決してワンマンな人柄ではない。「今

スタッフが力を発揮できる職場環境づくりにも注力

の自分があるのは、建前ではなく本当に周りのスタッフや家族、仲間、取引先様のおかげだと思っています。自分一人では何もできませんから。今後も周りの人たちへの感謝を忘れずに、謙虚な気持ちで仕事と人生に向き合っていきたい」

謙虚さとカリスマ性を兼ね備え、経営者として確かな結果を残してきた天野社長は「これまで培ってきたノウハウや経験を次代の経営者にも伝えていければ」という夢をもつ。「会社を引退した後の遠い未来ですが、若い起業家を支える経営コンサルタントのようなことをしたいなと。それに私が元気の良い子供だったというのもありますが、問題を起こしてしまうような少年たちを集めて、人間的に成長させてあげられるシェアハウスのような施設も作りたいと考えています。こうした夢を実現するためにも今は天野産業の経営に集中です」

業界を変えるべく、そして自身の夢を追いかけるべく、今後もスタッフ全員が一枚岩となって明るい未来を切り開いていく。

President Profile

天野　貴三（あまの・たかみつ）

昭和 57 年生まれ。東京都出身。

定時制高校時代から精密機械部品の検査員、土木業、内装の職人、接客業など様々な職種を経験。

天野産業入社後は主に営業職でキャリアを積み上げ、専務取締役を経て平成 22 年に先代の後を受け、代表取締役就任。

同時期に経営の勉強をするため、自由が丘産能短期大学に入学。卒業まで社長業と学業を両立した。

趣味はゴルフ。家族は妻と 9 子。座右の銘「その道において一流」

Corporate Information

株式会社 天野産業

https：//www.amano-recycle.com/

所在地

〒 289-1222　千葉県山武市板中新田 192-8
TEL　0475-89-1690　FAX　0475-89-1709

設　立

平成 14 年

資本金

1 億円

従業員数

165 人

事業内容

銅線・非鉄金属・木製空ドラム・電気機器類の回収・買取り・再生加工・販売等の非鉄金属卸売業。

メッセージ

「循環型社会を形成し、限りある資源を未来の為に」

ダイカスト金型メーカーの
トップランナー

金型製作 75 年の実績と最新設備で業界を牽引

顧客の満足、
社員の幸福、会社の
利益を追い求め、富山県
を代表するリーディング
カンパニーになって
いきたい

魚岸精機工業株式会社

代表取締役社長　**魚岸　成光**

溶かした金属を型に流し込み、固めて一つのモノができあがる。ダイカスト法と呼ばれるこの生産法は、日本の産業界で長く使われ、現在自動車、バイク部品をはじめ、各種電気製品や生活用品など主に大量生産されるモノがこの方法によってつくられている。この生産方法に不可欠なのが、ダイカスト金型。生産工程を全て担う主要設備だ。日本の製造業を底辺から支える金型メーカーは、全国におよそ数千社存在するといわれるが、その多くの企業がひしめく金型業界を牽引する存在が、富山県射水市に本社を構える魚岸精機工業株式会社である。日本で初めて最先端のドイツ製マシニングセンターを導入するなど、常に業界をリードしてきた魚岸精機工業は、さまざまな部門のエキスパートたちが持つ技術を結集し、常により精度の高い金型づくりを探求している。

「金型メーカーというと一般的にはイメージしにくいかもしれませんが、モノづくりのやりがいや楽しさといった部分が詰まったとても魅力ある業界です。ぜひ多くの方々に我々の業界、そして当社のことを知って頂きたい」

こう話す魚岸精機工業の魚岸成光社長は、若い人材を積極的に登用するなど、令和2年の社長就任以来、斬新な経営手法を精力的に推し進めて着実に業容の拡大を図っている。

富山県で初めてダイカスト金型製作を開始

コロナ禍の試練をバネに再び成長曲線を描く

魚岸精機工業は戦後間もない昭和21年4月の創業で、板金プレス型の製作会社としてスタートした。その後幅広い顧客のニーズに応えようと昭和35年にプラスチック金型、そして同43年に富山県

5軸加工機を用いて精度向上と納期短縮に繋げる

で初めてダイカスト金型の製作を開始した。その後、会社の成長に伴い株式会社化、代表交代、工場の増築などを経て、平成13年には富山県から「富山県中小企業経営モデル企業」に第一号認定。さらに同年名古屋中小企業投資育成株式会社からの投資を受け、資本金を3000万円に増資した。

「名古屋中小企業投資育成様からの出資は金型メーカーでは当社が初めてでした。私たちの企業価値が認められたということで、会社として大きな自信になりました」

こうして勢いに乗る魚岸精機工業は、平成14年にドイツから日本で初めて5軸加工機を持ち込み、運用に成功。さらにはタイに営業所を設立し、海外への進出も果たした。

一方の魚岸社長は、平成11年、18歳の時に魚岸精機工業に入社。しばらくは金型の組立やメンテナンスなどを行う製造現場でノウハウや経験を積んでいった。平成19年からは当時社長だった父の魚岸力氏からの命を受け、タイの子会社へ出向。現地での事業を全面的に任されることとなった。

その後、日本とタイを行き来しながら経験を積み上げ、令和2年に父親から事業承継を受け、魚岸精機工業の3代目社長に就任した。

「社長就任時はコロナ禍で、世の中の社会様式が変わろうとしている真っただ中でした。当社も売上げが減り、まさに逆境からのスタートでした」と就任当時を振り返る。

しかしこれまでリーマンショックなどいくつもの時代の荒波を乗り越え、企業を成長させてきた先代魚岸力氏からは、「今この悪い時期をしっかり乗り越えることができれば、会社はさらに強固になっていく。ピンチをチャンスに変えることが大切」とのアドバイス受け、魚岸社長はコロナ禍で変わろうとしている社会様式に柔軟に対応する決意を固める。

魚岸社長が最も大切にしたのが、クライアントとのコミュニケーションだった。「お客様と接触しにくい状況の中にあっても、感染対策を徹底しながら、きめ細かな提案などを行い、お客様が心離れしてしまわないような対応を心がけました」

こうした企業努力が功を奏し、今では業績も回復。再び成長曲線を描いて走り出している。

「5軸加工機」、「ProCAST」など最先端の技術・設備を導入

手仕上げでの加工も駆使して精度をとことん追求

ダイカスト金型は、加熱して液状化した金属を秒速数十メートルの速度で型の中に流し込む。液状化した金属は700℃にものぼり、型に流し込む際の圧は数百トンに及ぶ。かなりの負荷がかかるこの生産工程を数十万回と行う上、出来上がりの製品には10ミクロン単位の誤差も許されない。こうしたことから、ダイカスト金型には優れた耐久性と精度の高さが要求される。

魚岸精機工業では、ハイクオリティなダイカスト金型を製造するため、常に最新の技術や設備を

全国に先駆けて鋳造解析ソフトウェア「ProCAST」を導入

導入している。中でも平成15年に日本で初めて導入した5軸加工機は、従来の3軸に2軸の回転傾斜軸を加えた機械で、3軸よりも柔軟な加工、そして1回の段取りで多くの部分の加工が行えるなど、精度の向上と納期短縮というメリットをもたらした。さらに令和元年には、全国に先駆けて鋳造解析ソフトウェアである「ＰｒｏＣＡＳＴ」を導入した。

「鋳造の時の液体金属（湯）の通り道となるゲート、オーバーフローの方案部は本体部品の形状と無関係のため、設計に自由度があります。ですのでこの部分は、金型メーカー各社が独自に最適な位置・形状・サイズを提案します。それぞれのお客様にとって最適な方案を導き出すため、「ＰｒｏＣＡＳＴ」の導入に踏み切りました」

ＰｒｏＣＡＳＴを用いて、仮想空間の中でゲートやオーバーフローを様々な方案で設定し、湯の流れ方、全体への行き渡り方、固まり方をシミュレーションしながら最適解を見つけていく。

「お客様に最も適したダイカスト金型の提案をさせて頂く際に大いに役立っています」

こうしたＰｒｏＣＡＳＴによるコンピューターシミュレーションの他、設計から製造までの工程も全てコンピューターで実施・管理し、製造効率化や品質管理の向上に繋げている。コンピューター全盛の時代ならではといえるシステムだが、一方で魚岸社長は「当社では手仕上げも大事にしています」とも。魚岸精機工業では、高精度な加工機を駆使しても表現できない部分を、これまでに蓄積されたノウハウや知見をもとに手仕上げで加工。できあがりの精度をとことんまで追求している。

これまでに5000を超えるオリジナルの金型を製作

将来を見据え小ロット版ダイカスト金型を開発

ダイカスト金型メーカーのフロントランナーとして長年走り続け、大手の自動車メーカー含め、多くのメーカー企業への納品実績を積み上げてきた魚岸精機工業。同社が提供する製品は全て完全受注生産のオリジナルで、これまでに5000を超えるオリジナルの金型をつくりあげてきた。業界で確固たる地位を築いてきた魚岸精機工業だが、現状に満足することなく新たな事業展開を目論んでいる。その一つが「多品種少量生産に特化した小ロット向け低廉化金型」だ。

「ダイカスト金型の納品先は90%以上が自動車業界であることから、どうしても私たちの業界は自動車業界の景気に左右され、自動車産業は減少傾向にあるのが現状です。こうした中で、今後もさらに当社が発展、成長していくためには、自動車業界に加え、新たな業種・業界からも仕事を頂くことが必要だということで、ダイカスト金型の小ロット版の製造を決めました」

これまでのノウハウを活かし、低コストで導入が可能な小ロット向け低廉化金型を現在鋭意製作中で、令和4年には市場に投入する予定だという。

「想定しているのは農機具や建築部品、医療装置の部品などのメーカー様へのご提案です。将来的に新たな収益の柱になってくれれば」

将来を見据える魚岸社長は、小ロット版製造構想を含めた2030年までの中期経営計画も社長就任時に策定した。

「現在の売上は年間およそ11億ほどですが、これを2030年には30億にしようというのが具体的な目標です。そのためには新しい取り組みにも挑戦していく必要があると思います。私たちの強みである金型製造、メンテナンス分野における挑戦のほか、M&Aなども視野に入れながら、新規事業にも着手していければと考えています」

スタッフのモチベーション高める独自の評価制度

頑張りの正当な評価が社員の幸福に繋がる

魚岸精機工業のスタッフは現在総勢54人。幅広い世代にわたるスタッフが、ともに支え合い、助け合いながら会社の成長のために働く。そんな同社の理念の一つに「社員の幸福」という項目がある。30年以上も前に先代の力相談役が作った理念だが、現在この理念に基づいた魚岸精機工業独特の社内制度がいくつか存在する。その一つが「半期年俸制」だ。

「当社では会社レベル、部門レベル、個人レベルという3段階の目標を設定しています。この3つの目標に自己査定を加えた総合評価を半年に一度全社員に対して行い、その評価がそのまま給料に反映されるという仕組みです。年功序列での給料制度を完全に撤廃した完全実力主義の形を取っています」

もう一つの制度が「役職任期制度」だ。「課長と係長は任期を1年とし、部署内の他薦・自薦で選ばれるといった仕組みです。キャリアや年齢に関係なく、働きぶり次第で選ばれる上、最大でも5年でその部署の役職を離れなければならないため、各部署は常に活性化され、マンネリ化も予防できます」

さらに課長クラスは部下や上司および、他部署の課長による役職者査定がなされ、この評価も自身の役職手当に反映されるという。こうしたユニークな社員評価制度は、今や魚岸精機工業の伝統となっており、会社の成長に一役も二役も買っている。「頑張った分の評価をきっちりと行い、成果報酬を出す。それが社員の幸福に繋がるというのが当社の考え方。そして社員の頑張りは会社の利益にも繋がっていきますから」

富山県を代表するリーディングカンパニーに

「若い世代にモノづくりの魅力・醍醐味を伝えたい」

目標に向かって全社員が一丸となって突き進む魚岸精機工業。魚岸社長は「今後も当社の理念である顧客の満足、社員の幸福、会社の利益を追い求め、富山県を代表するリーディングカンパニーになっていきたい」と力を込める。現在は人材の確保・育成に大きな力を注ぎ「スタッフの子供、さらにその子供、次の世代の子供…といった具合に、何代にも渡って働いてもらえるような、そんな会社にしていきたい」と魚岸社長。

「若い世代から魅力を感じてもらえる企業に」という想いをもつ魚岸社長は、地元・富山県の学

手仕上げで精度をとことんまで追求する

生に対する工場見学会も積極的に実施している。

「当社のモノづくりは、世の中にないものをそのお客様のためだけに作り上げます。大変な部分はもちろんありますが、お客様の求めるもの、イメージするものを作り上げ、喜んで頂けた時は、何物にも代えがたい嬉しさがこみあげてきます。こうしたモノづくりの醍醐味、魅力を一人でも多くの方々に知って頂きたい」

また魚岸社長は、「女性スタッフももっと当社で活躍して欲しい」とも。現在魚岸精機工業には54人の社員がいるが、女性は6人で男性の比率が圧倒的だ。

「女性が気持ちよく働ける環境を用意し、女性スタッフも積極的に登用していきたい」と女性活躍社会の進展に想いを馳せる。

業界の固定概念にとらわれることなく、常に新たなことへの挑戦の姿勢を崩さない魚岸社長。「ベテラン世代の経験に、若い世代の固定概念を覆すような発想を上手くミックスさせ、それを会社の成長エンジンにしていきたい」と未来を見据えて瞳を輝かせる。

President Profile

魚岸　成光（うおぎし・しげみつ）

昭和 56 年生まれ。富山県出身。
平成 11 年魚岸精機工業入社。同 19 ～ 20 年タイの子会社へ出向。帰国後、名古屋、東京で勤務。
平成 27 年～ 28 年再びタイの子会社へ出向。同 28 年帰国後埼玉で勤務。
令和 2 年代表取締役社長に就任。
趣味は洗車。モットーは謙虚な姿勢と感謝の心。

Corporate Information

魚岸精機工業株式会社

http：//www.uogishi.co.jp/

魚岸精機工業株式会社
UOGISHI SEIKI INTERACTIVE CORPORATION

所在地

〒 939-0281　富山県射水市北高木 118-1
TEL　0766-52-5222　FAX　0766-52-5223

創　業

昭和 21 年 4 月

資本金

4,500 万円

従業員数

54 人

事業内容

各種ダイカスト金型の設計・製造、航空機部品の加工
（トランスミッションケース、ケースコンバーター、オイルポンプ、バルブボディーなどのダイカスト金型）

企業理念

私たちは、金型製造技術で顧客ニーズの具現化に貢献し、
①顧客の満足　②社員の幸福　③会社の利益を創造し、永続的発展へ挑戦する。

鉄道運賃計算システムで、ニッチトップシェアを誇るオンリーワン企業

独創的な発想と、高度な技術力で日本の社会インフラを支える

顧客の求めている
本質を見極め、
それに合ったシステムを
提案する力こそが
重要です

関西デジタルソフト株式会社

代表取締役社長　**沖上　俊昭**

外国人観光客が日本を訪れた際に最も驚くことは、街並みの清潔さや治安の良さに加えて鉄道の完璧な運行だという。外国では鉄道の遅延は日常茶飯事だが、日本ではわずか数分遅れの運行でも車掌がお詫びのアナウンスを流すことに、人々は驚愕するそうだ。そのような日本が誇る社会インフラである鉄道を根幹から支えているのは、優秀な人材とともに自動改札機の存在が大きい。切符や定期券を駅員に提示するかつての時代から、現在では自動改札機にICカードをタッチして簡単に通過できる仕組みへと変遷を遂げているが、朝夕の通勤ラッシュが極限に達する大都会ではこの改革によって、格段に人波の通過がスムーズになっている。

しかし、そういった自動改札機の仕組みが円滑に動くためには、出発駅から到着駅までの運賃を瞬時に正確に計算できる運賃計算システムの搭載が不可欠になる。大阪市北区に本社を置く関西デジタルソフト株式会社は、こうした鉄道の運賃計算システムを開発し、ニッチトップシェアを誇るリーディングカンパニーだ。

FAXのシステム開発がきっかけで26歳で独立を果たす

大手メーカーから鉄道運賃計算システムの開発依頼を受ける

代表取締役を務める沖上俊昭氏は大学卒業後、システムエンジニアとしてのキャリアを積み昭和62年にFAXのシステム開発を行ったことがきっかけで、26歳の若さで独立を果たした。

「起業はしたものの、社会の仕組みもよく理解していなかった若造だったので、依頼された目の前の仕事をこなしていくことで精一杯でした。『自分はこれをやりたい』という明確なビジョンや

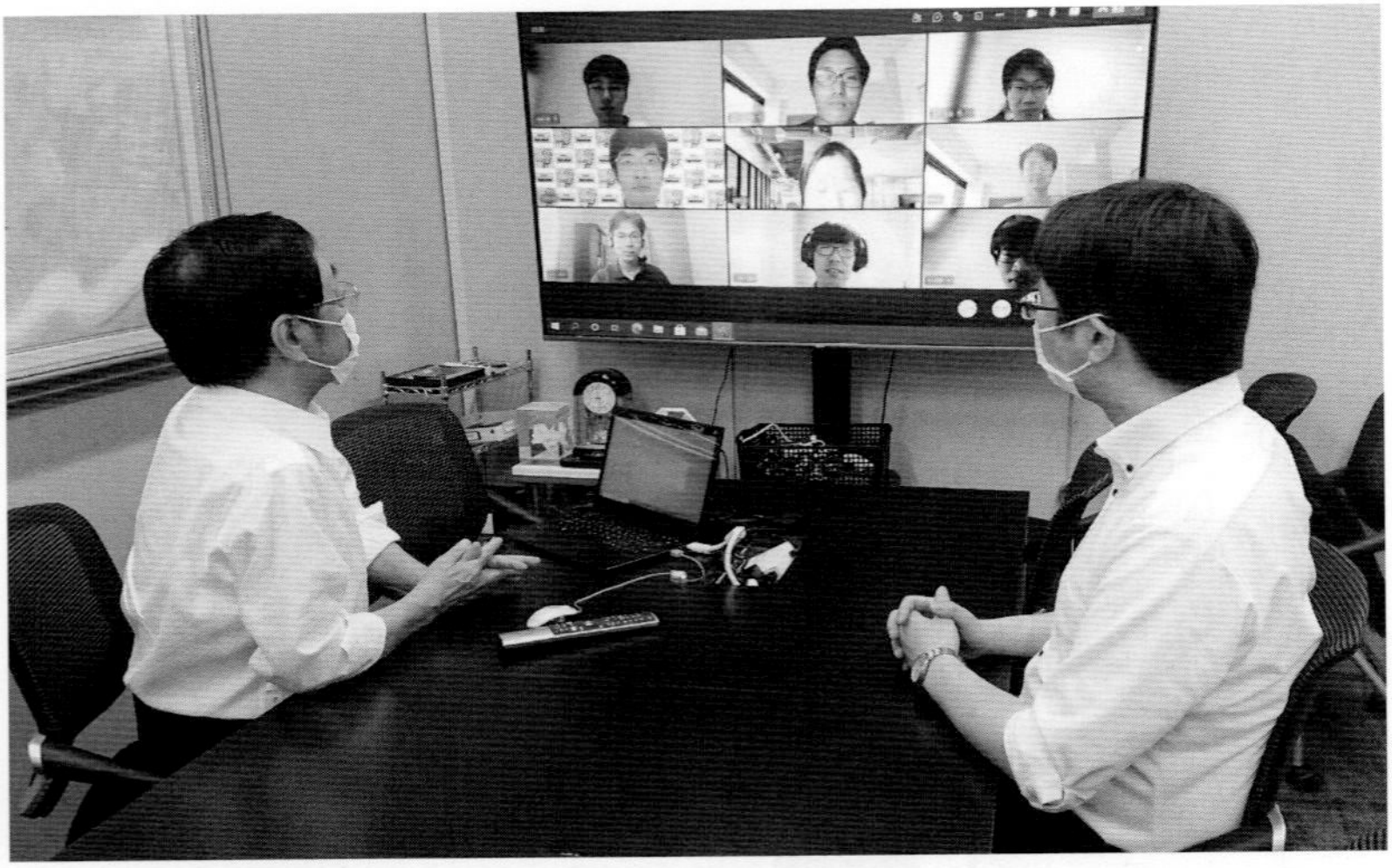
運賃計算システムでニッチトップシェアを獲得するも、現在はAI（人工知能）やIOT（モノのインターネット）の開発にも力を注いでいる

目標などもありませんでしたね」と当時の思いを振り返る。折しも時代はバブル真只中。日経平均株価は3万円を超え、日本中がバブル景気の波に浮かれる中、仕事は黙っていても次々と舞い込んできた。こうして好調な滑り出しで始まった起業だったが、やがて形勢は一変する。平成3年に起こったバブル崩壊だ。「それまでやってきた仕事量は半分以下になり、しばらくは苦しい時期が続きました」と沖上社長。

しかし、悪いことは長くは続かない。バブル崩壊から1年以上経過する頃には、工場のライン制御や搬送用ロボットの開発など、新たに多くの受注案件を請け負うことになり、売り上げも順調に回復していった。そんな中、沖上社長に大きなチャンスがやってくる。

鉄道会社の自動改札機を製造する大手メーカーから、運賃計算システムの開発依頼がきたのだ。「私が1人で10台ものコンピューターを駆使して工場のラインを動かしている姿をご覧になった方が、大手メーカーさんに『こんないい人材がいるよ』と推薦してくださったようで、それを機に仕事の依頼をいただくようになりました」

運賃計算システムの開発に成功し、ニッチトップシェアを獲得

技術力の高さを証明する20年間無事故の実績

鉄道の運賃計算システムの開発という大きな仕事を手にした沖上社長だったが、完成までの道のりは、想像以上に困難なものだった。多くの国民が毎日利用する鉄道の運行は、言うまでもなく重要な社会インフラだ。運賃計算による不具合が発生して、改札機の流れに滞りが生じる事態は絶対に避けなければいけない。そのため運賃計算システムでは正確性が何より求められる。

「大変だったことは、運賃の計算式が記載してある『運賃規定マニュアルという』数千ページにも及ぶ膨大な本があるのですが、まずはこれを読破しなければいけないこと。その他にも規定の例外の運賃など、様々なパターンの運賃の計算式があり、これらをすべて理解し、頭に叩き込んだうえでプログラミングしなければいけないことでした」

沖上社長によると、首都圏だけでも運賃データの組み合わせは天文学的数字になるという。運賃というのは、出発駅から到着駅までの一通りのパターンだけで終わる単純なものではなく、乗り換え可能な駅が複数あればそれだけ入り組み難解になる。その気の遠くなるような数式の複雑さ、煩雑さを想像するだけでも、このプログラミングの過酷さがよくわかる。しかし、沖上社長は音を上げることなく粘り強く知識を吸収し、膨大な経路の組み合わせがある運賃を、瞬時にかつ正確に計算できるプログラムをついに開発する。最初に取り組みを開始してから、1年の年月を経ての快挙だった。

以来関西デジタルソフトは約20年間、運賃計算システムのニッチトップのシェアを誇っている。特筆すべきは、20年間一度も不具合やトラブルを起こしたことがないという品質の高さだ。その確かな実績

は、システムを納入している大手メーカーからも絶大な信頼が寄せられており、感謝状を何度も贈呈されているという。

新たな事業の柱として、AIとIoTの開発に注力
マスク着用判定ソフトやインターネット物干しなどが話題を呼ぶ

こうして、運賃計算システムのニッチトップシェアを確立した関西デジタルソフトだが、令和元年より新たな事業の柱としてAI（人工知能）と、IoT（モノのインターネット）の開発にも力を注いでいる。

「鉄道系の事業は継続しつつも、当社が持つ独立系ベンダーとして蓄積した豊富な技術とノウハウを活かして、新しい開発にも挑戦する攻めの姿勢も強化していきたい」と沖上社長は語る。

なかでも昨年話題となったのが、AIを活用したマスク着用判定ソフトだ。コロナ禍の有効な感染防止策として、マスク着用の重要性が叫ばれているが、大勢の人の中から着用の有無を見分けることは難しい。そこで関西デジタルソフトでは、AIのディープラーニング技術を駆使して音声の認識、画像の特定、予測などを行うAIソフトを開発した。200人から300人の人が密集して歩いているところをカメラで撮影すると、AIが瞬時にマスクをつけていない人を判定し、着用率も算出する。令和2年10月にプレスリリースすると、大きな反響を呼び多数のメディアが取材に訪れた。今では大学や病院で導入され、感染防止の意識を高めるツールとして一役買っている。

IoT（モノのインターネット）関連で開発した商品には「インターネット物干し」がある。こ

れは物干し竿に取り付けたGPSの位置情報をもとに、天気予報のデータをインターネットから受信し、洗濯物を干しても大丈夫かどうかを判断できたり、先端に取り付けたセンサーによって雨が降ってきた時や、洗濯物が乾いたことを感知すると所有者に通知されるというユニークな商品だ。当時大きな反響を受けメディアで話題となり、NHKのTV取材も受けた。

「今後も既成概念に捕らわれない斬新な発想で新しいフィールドを開拓していきたい」と沖上社長は瞳を輝かせる。

次の目標は自社ブランドを開発し、世に送り出すこと

AIを活用して人命の安全や社会に役立つモノづくりにチャレンジ

独創的な商品開発によってニッチ市場で揺るぎない存在感を放つ関西デジタルソフトだが、沖上社長が今後特にチャレンジしたいと意欲を燃やしているのが、「人命の安全に貢献できるモノづくり」や、「社会に役立つモノづくり」だという。

「私たちは創業時以来、顧客から『このような物を作ってほしい』と依頼を受けて製品を作り続け、受託案件が主軸となって

社員同士の仲も良く、自由で風通しの良い社風が特徴だ

います。しかし、一人の技術者としては自分が作りたいものを自社ブランドとして生み出し、それを世に送り出していきたいという夢があります」

こう語る沖上社長だが、現在多くの人々が往来する場所での安全運行や、防犯システムの強化に役立つ事業展開を考えている。

「大勢の人々が利用する場所では、接触事故や、目の不自由な方が事故に巻き込まれるなど、痛ましい事件が絶えません。こうした問題を未然に防止するためにも、もっとAIを活用できればと考えております」

黄色の点字ブロックは、目の不自由な方が歩く際には大事な道標だが、その上に立ったり、荷物を置く人をよく見かける。こうした危険な行為があった場合、それをいち早く感知して危険回避する等のAIを活用した商品開発を目指している。また関西デジタルソフトは、複数の画像を比較することで、それぞれの画像の差分を検出する「差分検出アプリ」を商品化したが、これは不審者や不審物の発見に役立つため、公共施設の防犯に活かすことができるのではないかと、沖上社長は語る。この他、少子高齢化の加速で深刻な問題となっている労働者不足の解消にも、AIを活用して労働環境の改善に寄与していきたいと意気込む。最近では、AIを活用したコミュニケーションロボット開発にも力を入れており、人に変わってロボットがコミュニケーションをとり案内をしたりするなど、人とのコミュニケーションをとる時代がコロナ禍で急激に加速しており、その波にいち早くのりたいと意欲を燃やしている。

「これからの日本は生産年齢人口が急激に減少していきますが、私が特に注目しているのは介護の分野です。介護者は高齢者の介助で体力を必要とする仕事ですが、そういったところに介護ロボットを導入して、高齢者と介護者の双方の負担を少しでも減らすサポートができればと思っています」と熱く語る。

「単なるプログラマーではなく、確固たるシステムエンジニアであれ」

若い力を得てデジタル社会にイノベーションを起こす

パナソニックの創業者松下幸之助氏の言葉に「企業は人なり」という名言があるが、企業にとっての最大の資産は、今も昔も「人」であることに変わりはない。優秀な人材をいかに獲得し、教育していくかが会社発展の命運を分けるといっても過言ではないだろう。沖上社長も今、将来の関西デジタルソフトを担う優秀な人材の育成に力を注いでいる。「昨年は12人の新人を一気に採用しましたが、お互いに切磋琢磨しながら前向きに仕事に取り組む姿勢が見られ、会社の雰囲気もいい意味で変わってきました」と目を細める。また、社員の健康が一番であるとの考えから様々な取組を行っており、一例として人間ドックに関しては自分で検査項目を選べたり、希望者全員に保健指導を受講させたりしている。その成果が認められ、経済産業省から健康優良法人2021に認定されている。

沖上社長が日頃から社員に説く言葉に「物事の本質を見なさい」というものがある。これは表面だけ見ていては、本質にたどり着くことができないという沖上社長の信条から生まれた言葉だ。この姿勢は何より顧客との対応の中で重要な要素になるのだという。

「例えば『車を買いたい』という希望を聴いた時に、家族で乗るのか、それとも旅行用に必要なのかで、車の選び方は全く違ってきます。『車を買いたい』の言葉の裏にある本質を聴き取り、それを形にしていくことは、あらゆるビジネスの基本となります」

その一方で「私たちの仕事で言えば、プログラミングの技術は勉強すれば後からついてきます。それよりも顧客の求めている本質を見極め、それに合ったシステムを提案する力こそが重要です」

大学での授業風景。講師として、将来の技術者育成にも努めている

と強調する。

「単なるプログラマーではなく、確固たるシステムエンジニアであれ」と沖上社長が繰り返し語る所以だ。沖上社長自身も経営者であると同時に、一人のシステムエンジニアとしての誇りと矜持を忘れない。昨年から続くコロナ禍であらゆる社会構造が大きく変容し、かつてない波乱の事態に直面しても、モノづくりに対する真摯な取り組みとスタンスは一貫して同じだ。

「経営者として会社に利益をもたらすことはもちろん大切なことですが、それを一番の目的にはしていません。自分が作り出す製品が世の中の役に立ち喜んでもらえること。無から有を生みだすモノづくりの醍醐味と楽しさを社員と共に味わうこと。私にとって事業をするうえで一番大切なものはそういう志です」と言い切る。

独創的な発想力と、それを完成させる高い技術力が強みの関西デジタルソフト。若いマンパワーも加わって、その勢いはますます加速されている。沖上社長と社員一同は明日のデジタル社会にイノベーションを起こすべく、これからも力強く邁進していく。

President Profile

沖上　俊昭（おきがみ・としあき）

昭和 36 年生まれ。大阪府出身。
大学卒業後システムエンジニアとして活躍。昭和 62 年に起業して関西デジタルソフト設立。
FAX のソフト開発から産業ロボット等の制御システムの開発へ事業拡大。
その後券売機・改札機などの鉄道系システム開発を手掛け今では関西・関東全域をカバーするまでになった。
現在、鉄道や駅のシステムを中心に、IoT、センサー、ドローン、ロボットなど、近未来都市のインフラシステムを開発している。
令和 3 年 4 月より阪南大学の特別講師に就任し AI（人工知能）の授業を担当しており、楽しく AI（人工知能）を学ぶことをモットーに将来の AI（人工知能）の技術者の育成にも努めている。

Corporate Information

関西デジタルソフト株式会社

https：//www.digitalsoft.co.jp/

Kansai DigitalSoft

所在地

〒 530-0005　大阪府大阪市北区中之島 2-3-33　大阪三井物産ビル 5F
TEL. 06-6228-3328　FAX. 06-6228-3555
〈靭 Office〉〒 550 - 0004　大阪市西区靭本町 1-7-25　イトーダイ靭本町ビル 9F
TEL. 06-6467-8198

設立

昭和 62 年 12 月

資本金

2,000 万円

従業員数

29 人

事業内容

業務用アプリケーション開発、組込系システム開発、制御系システム開発、AI・画像処理・IoT・クラウド開発、ウエブアプリ・モバイルアプリ開発。ドローン・ロボット開発

経営方針

お客様のために最適なシステムを構築し、技術・万全のサポートを提供します。

「顧客に寄り添い期待に応える」をモットーに、唯一無二のサービスを提供

人間力とブランド力で業界をリードするオンリーワン企業

規模や価格に関係なく全ての物件を大切にお預かりし、誠実に対応してまいります

株式会社 グランス

代表取締役社長　**田中　浩二**

新型コロナウイルスの感染拡大が日本経済に大きな影響を与えているが、不動産業界もその例外ではない。ある不動産コンサルタントが行った調査によると、「コロナ禍により賃貸仲介に影響があった」と答えた不動産事業主は約82・5％にのぼり、集客減した企業は79％、売上減は74・6％という結果に。別の調査では100人中84人が「物件購入意欲が弱まった」と回答している。

かなり厳しい状況に直面している不動産業界だが、そんな中でも好調に売上げを伸ばしている不動産会社がある。大阪府有数の快適な住宅都市として根強い人気を誇る豊中市にある株式会社グランスだ。独立以前に業界最大手の不動産売買仲介会社に勤めていた田中浩二社長は、数多くの物件購入・売却に立ち会ってきた。「不動産、あなたの声に寄り添い、応えたい」という企業理念の通り、田中社長はクライアントに対してきめ細やかに対応し、その希望や事情を丹念にすくい上げる経営スタイルを貫いている。

31歳で不動産業界に飛び込みつかんだ確かな手応え

もっと顧客に寄り添った仕事をしたいと39歳で独立

大阪府出身の田中社長が全く縁のなかった不動産業界に飛び込んだのは31歳の時だった。それまではプロのスノーボーダーを目指して練習に励み、ミュージシャンとしてデビューするなど、非常にユニークな経歴の持ち主だ。

「スノーボードはスイスで合宿を行った後、いったんケリをつけて大阪に戻り、音楽を始めました。ジャンルはヒップホップで、ＮＨＫの音楽番組への出場がきっかけでメジャーデビューしまし

音楽活動時代の全国ツアーでの一コマ

た。25歳の時に大阪の繊維商社に入社しましたが、30歳くらいまでは音楽と両立させながら勤務していました」と当時を振り返る。

その後、業界最大手の不動産売買仲介会社に入社し主として豊中市を担当した。未経験の不動産業だったが、田中社長はすぐに手応えとやりがいを感じたという。

自ら担当するエリアのチラシを作り、反応があれば迅速に査定を行って売却物件を預かり、成約すると顧客から感謝される。それは非常に気持ちの良い、嬉しい体験だった。

「不動産の営業は、もともと自分で考えて動くことが好きなタイプなので全く苦になりませんでした。音楽をやっていた時のチラシの制作や配布の経験も生かされました」と田中社長。

もっと顧客に寄り添って市場を開拓していきたいと思い始めたが、その想いを実現するには会社の規模が大きすぎた。社内の人事バランスを重視する大組織ではよくありがちだが、業務が細分化されているため組織の社員として全員が均一化したサービスの提供が求められる。そこで「顧客の希望を深く汲み取り、顧客に寄り添える仕事をしたい」と田中社長は39歳で独立を決意した。

金融機関との取引では独立の理由を明確にアピールし、自身のバックボーンも丁寧に説明するとともに、迅速な事務手続きや処理、融資担当と密な人間関係を築くことで取引窓口を増やし、経営はスムーズに進行していった。コロナ禍で低迷するライバル会社が多い中で、グランスの業績はいたって順調に推移している。

顧客からの紹介やリピーター客が多いのが特徴

徹底的に顧客に寄り添う「専任媒介契約」へのこだわり

グランスの業務は、直接不動産を買い取り、リフォームやリノベーションを施してよりよい不動産を提供する「不動産買取再販売事業」。また、売主やオーナーから預かった物件を売買・賃貸仲介する「不動産売買・賃貸仲介事業」。顧客のニーズに合わせて建築会社やリフォーム業者を紹介する「建築・リフォームプロデュース」。そして不動産に関する様々な疑問や不安を解消する「コンサルタント事業」など多岐にわたる。

全国規模で業務を行い、リピーターや顧客からの紹介客が非常に多いことが特徴だ。新規顧客は主にHPから問い合わせが入るという。

なかでもメイン業務となっているのが買取再販事業と売買・賃貸仲介業だ。

「独立後の2年間で35組のお客様を担当させていただいております。弊社が売り出している物件にお問い合わせをいただき、購入していただいたお客様から別のお客様をご紹介いただいたり、過去にお取引させていただいたお客様がご売却の際に弊社へ物件をお預けいただいたりという事で、大変ありがたいことに現在まで途切れることなく職務を行えております。仲介業は何よりも「人」のつながりを感じる事ができる職務で、今後も一番大切にしていきたいです」

田中社長は宅地建物取引士の他に競売不動産取引主任者という資格を取得しているため、増加しつつある顧客の競売物件購入ニーズにも対応が可能だ。「実績はまだそれほど多くありませんが、常にアンテナを張っています」と田中社長。

自身のインスタグラムで趣味の洋服をコーディネート、着用し「ファッションで世界を元気に」というキーワードの元、世界へ向け自己満足的に（笑）発信している

「顧客の声に寄り添い期待に応える」と強い熱意を抱いて独立した田中社長は、効率化を最優先した流れ作業的な仕事は一切しないと決めている。その決意の表れが、売り手が同社としか契約を結ばない「専任媒介契約」というスタイルで全ての物件を取り扱っていることだ。

早く売却するために多くの不動産会社に物件を出す「一般媒介契約」は扱わず、HPにも「当社しか取り扱いのない物件」としっかり記載されている。この一点を見ても田中社長が顧客から「グランスに任せておけば安心」という厚い信頼を寄せられていることがわかる。

「この方法だと取り扱う物件数は大手に敵いませんが、収益ありきの商売はしたくありません。そこは常にこだわっていたいですね」

顧客と物件への想いを行動で表現し、「指名」が絶えない

大企業では難しいきめ細やかで小回りの利く対応が強み

田中社長は仕事をする上で、顧客や取引先との信頼関係の構築に何より力を入れている。不動産

業に入ったばかりの頃は、顧客から信頼されたい、良い業者に見られたいと気負い過ぎて空回りし、辛い思いをしたことがあったそうだ。以来、見せかけの熱意や善意で点数を稼ぎたいという気持ちはすっぱりと捨てたという。

「素の自分を出して正直に、誠実にお客様と向き合うことでしか本当の信頼関係は築けないとわかりました。それでも全てがうまくいくわけではなく、時にはお客様に不快な思いをさせてしまう事もあります。ただ、決して目先のごまかしでお客様に好かれようとするような営業はせず、とにかく正直にお客様に説明し、買い急ぎや売り急ぎを進めることなく充分にご納得いただいた上で、迅速かつ的確に気持ちを込めて職務を遂行する。その結果をお客様がどう思われるかは私が決めることはできないので、とにかく私はお客様にいただいた仕事を全力で取り組むことに集中します。そして最終的にありがとうと言っていただけたら最高です」

全ての案件に対し常に誠実に仕事に挑む田中社長を信頼し、「大手企業よりあなたに任せたい」と依頼する顧客は後を絶たない。多くの人にとって不動産は人生最大の買い物であるにも関わらず、不動産のプロと一般顧客の知識には埋められない差があるため、顧客は頼りがいのある担当者を求める。

ある調査によると、不動産を購入する際に最重視する点として「営業担当の対応」を挙げた人が4割を超えるが、それほど個々の担当者に寄せる期待は大きい。

しかし不動産業界に入って10年ちょっとの田中社長が、並みいるライバルを抑えて顧客から「指名」されるのはどうしてだろうか。田中社長はその理由を「顧客に寄り添ってきたこれまでの経験が強みになっているのではないか」と分析する。

例えば繊維会社に勤務していた時に、当時扱っていなかった生地の注文を受けた田中社長は、多

落ち着いた雰囲気の事務所応接スペース

くの会社に問い合わせて生地をかき集め、自身で生地カタログを作成してクライアントにプレゼンした。田中社長のその動きを見たクライアントから、「田中さんの動きはスピーディーでデリバリーも速い。あなたなら信用できる」と言われ、新規開拓にこぎつけたという。

「業界は異なってもお客様一人ひとりの信頼を繋ぎ留め、仕事に真面目に取り組んでいくことはどこでも大切なことです。それが分かってからは、独立してもやっていけるという自信がつきました。今でもお客様の質問にはすぐに答えますし、問題が起こったら即座に解決に向けて動きます。大手より小回りが利く、信頼していただけるというのが弊社の武器になっています」

1億円と30万円の物件、どちらも面白いからやめられない

収益よりも「自社だからできた仕事」に最高のやりがい

これまで手掛けた業務の中で、強く田中社長の印象に残っている案件が3つある。1つは、1億円を超える物件を「何があっても田中さんに任せる。他に浮気はしないので安心して思い切りやってほしい」とポンと渡された案件だ。

「独立して間もない時期だったので私でいいのかと本当に驚きました。この案件では売主様も買

主様も私が担当することができました。この案件を通して新たな繋がりができたこと、また売主様が一貫して私に売却を任せてくれたことは一生忘れられません」と感慨深く語る。

2つめは30万円のリゾートマンションを売却したいという相談だ。1億円との落差に驚くが、田中社長はマンションがある海沿いの地を訪れて、「お預かりします」と返事をした。「わざわざ来ていただいて、お金にならない仕事を受けてくれるなんて」と依頼者もびっくりしたという。

「手数料は1万5000円でした。交通費がそれ以上にかかってしまいました。しかし私はその仕事を楽しんで行いました。不動産には収益を超えたやりがいがあると実感できたいい案件でした」

そして最後がリゾート地の物件を売りたいと持ち込まれた案件だ。杖をついて同社を訪れた売主の一人はかなりの高齢で、飛行機でしか行けない現地に長い間行っていないので土地がどうなっているかわからない、相談に乗ってほしいと訴えた。田中社長は実際に飛行機に乗り現地を訪れ、地元の人たちに場所を聞きながら場所を特定し、木が鬱蒼と茂っている様子を撮影して売主に説明したところ、深く感謝された。

「おそらくずっと気になっておられたでしょう。私も安心しました」と田中社長。結果的に取引には繋がらなかったが、自分がその場所を訪れて感じることの大切さを強く思ったという。

「これも弊社でしかできない仕事で、やってよかったと今も思います」と笑顔で振り返る。「収益や効率を追求することが最も重要なのではない」と一貫して主張する田中社長の真骨頂といえる。

地域の過疎化や環境の劣化を不動産で改善していきたい

目先のメリットより未来への希望と期待を大切に進む

空き家率が上昇傾向にあり、2030年には3戸に1戸が空き家になると予想されている。このままでは今後さらに地方の過疎化、環境の劣化が懸念されるが、田中社長は不動産を通してこの問題の改善に関わりたいと考えている。

「まだ実現していませんが、例えば古くてボロボロになった空き家を買い取ってリフォームすれば、他の地域から新しい入居者がやってくる。やがて家族が生まれて賑やかになり街に活気が戻る……という夢をもっています」と田中社長は目を細める。

さらに旅行業界にも興味があるという田中社長は、宿を買い取ってのプロデュースを考える。地方で広い土地を購入してキャンプ施設を建設する、やりたいことは山積みだという。

「不動産を活用して過疎地を活気づけるお手伝いをしたい」と声を弾ませる。「もちろん私一人では何もできませんから、税理士さんや弁護士さん、司法書士さんなど多くの専門家の方々に協力をお願いしたいと思います。仕事は人との繋がりが不可欠ですね」

また、古物商の資格も保持する田中社長は、ネットで、店舗を運営している。以前から趣味である腕時計をはじめスニーカーや衣類などのネット販売で行う売り上げも好調に推移しており、こちらも今後さらに広げていきたいと抱負を語る。

また、「ファッションで世界を元気に」というキャッチフレーズのもと、以前より好きな「洋服」のコーディネートを自己満足的にSNSにアップし、日々を楽しむ事を目的に幅広く行動している。

コロナ禍で先の見えない時代、先行きに不安を感じる経営者は多い。田中社長もその1人だが、「目先の収益より未来に何かあるかもしれないという希望をもって進む、その想いは一生忘れてはいけないと思います。人一人の可能性は生きている限り無限大ですから」と、前を見据える田中社長に熱意と躍動感がみなぎる。

President Profile

田中　浩二（たなか・こうじ）

大阪府出身。

短期大学卒業後、スノーボーダーやミュージシャンとして活動し、後に大阪にある繊維問屋に就職。

平成22年に業界最大手の不動産売買仲介会社に入社。

令和元年、株式会社グランス設立。

Corporate Information

株式会社 グランス

https：//www.glance-estate.co.jp/

所在地

〒560-0021　大阪府豊中市本町一丁目3番19号3階
TEL　06-6846-7778　FAX　06-6846-7779
Mail：info@glance-estate.co.jp

設立

令和元年

事業内容

不動産買取再販売事業、不動産売買・賃貸仲介事業、建築・リフォーム・解体・修繕プロデュース、各種ご相談、コンサルタント事業

免許番号

大阪府知事免許（1）第61011号

所属団体

（公社）全日本不動産協会会員、（公社）近畿地区不動産公正取引協議会加盟

経営理念

不動産、あなたの声に寄り添い、応えたい。

「和菓子を通じた笑顔と幸せづくり」を使命に和菓子の新分野を切り拓く

伝統の人・モノ・舞台づくりで イノベーションの歴史を築く老舗企業

全ての社員が
輝ける舞台をつくり、
和菓子の新しい未来を
創造していきます

株式会社 廣榮堂

代表取締役社長 **武田 浩一**

株式会社 廣榮堂

現在日本には創業100年以上の老舗企業が3万社以上存在するという。世界有数の「長寿企業国」といわれるが、一方で深刻な人手不足に加えて新型コロナウイルス感染拡大などが経済停滞を招き、多くの企業が経営危機に見舞われ、倒産件数もうなぎ上りだ。2020年度の企業の平均寿命は23・3歳という調査結果も報告されている。老舗企業の倒産も目立ち、人材の育成や従業員の高齢化、業務の革新、施設の老朽化など様々な課題を抱えている。戦争や経済危機、数々の自然災害などこれまで長きにわたって数多の試練を乗り越えてきた老舗企業だが、伝統や経験だけでは生き残りが難しい時代になった。こうした厳しい状況の中、伝統の灯を守りながらも常に新たな挑戦を続けている老舗企業がある。岡山県で160年以上の歴史を誇る和菓子屋の株式会社廣榮堂だ。きびだんごをはじめ羊羹や焼き菓子など、多くの和菓子製造で知られる廣榮堂の代表取締役社長、武田浩一氏は和菓子の材料や品質、顧客からの厚い信頼などを守りつつ、カフェ事業や絵本作家・五味太郎氏との絵本出版、スポーツ用やハラル（イスラムの戒律で許された）対応のきびだんご開発など、既成概念にとらわれないアイデアを打ち出してきた。〝モノづくりは人づくり、人づくりは舞台づくりから〟をモットーにたゆまぬ努力を続ける武田社長の経営手腕は多くの人々の注目を集めている。

吉備の国・岡山県から伝統銘菓「きびだんご」を国内外に提供

160年にわたる伝統を守りながらも未来志向のイノベーション企業

廣榮堂の歴史は江戸時代末期の安政3（1856）年に始まる。広瀬屋という七代続いた瀬戸物屋の後を継ぎ、初代武田浅次郎がお菓子屋に商売替えしたのが始まりだった。もとは黍の取れるところならどこにでもあった素朴な日常食のきび団子に、上白糖と水飴を加え日持ちがするものに改良し、お茶席にも向くお菓子として進化させた。そして廣榮堂は明治24年に山陽鉄道が岡山まで開通した時、新たな販売先として鉄道に目を向けた。当時、串刺しのものが多かったきびだんごを箱詰めにし、一個ずつ四角い桟の中に入れる工

株式会社廣榮堂本社外観

夫を加えて、土産物のきび団子として販路を拡大。その後廣榮堂は、二代から三代、四代へと引き継がれた。高度成長期のさなか朝日新聞連載の有吉佐和子氏の小説『複合汚染』を読んだ四代目武田修一氏は、この小説との出会いをきっかけに自然と共生した健康で安全な食品製造に向かう。そして先駆的な取り組みとして岡山高松地区の農家の方々の協力を得て有機無農薬栽培による餅米生産に着手、昭和52年にこの特別栽培された餅米を使用した「むかし吉備団子」を発売。山陽新幹線や瀬戸大橋の開通などを背景に、規模を拡大する中にあっても、顧客の健康を第一に考え、自然との共生をテーマに良質な素材を用いた品質にこだわったものづくりの企業姿勢を貫いた。その四代目の精神は、「良質な原材料を使用したものづくり」として引き継がれる。また平成5年には、岡山のきびだんごではなく、「桃太郎のきびだんご」として日本全国の子供たちに食べてもらいたいとの夢を込めて世界的絵本作家の五味太郎氏との出会いにより新しいパッケージのきびだんごを発売した。このように廣榮堂の歴史はイノベーションの歴史であったと言える。そして平成6年に現社長の武田浩一氏が大学卒業後、6年間の住友信託銀行（現三井住友信託銀行）の勤務を経て入社した。入社後間もなく翌平成7年1月に阪神淡路大震災が発生した。岡山観光の最大の顧客層である京阪神地区の方々が被災される中、四代目修一氏について被災地を訪れ救援物資としてきびだんごを各避難所で手渡しするとともに、真冬のグラウンドでお汁粉を炊き出し提供。大変な状況の中で、久々の温かく甘いものに、ほっとする神戸の人々の表情に、金融機関をやめて間もない武田社長は「甘いものの持つ力」と、菓子屋としての使命感を知るきっかけを得た。また、震災により京阪神方面からの顧客の来店を期待できない中、武田社長は両手に紙袋いっぱいのきびだんごを持って東京の販路開拓に向かい、関東地方の百貨店・スーパーやコンビニの本部を訪れ商談を重ねていく。商談を続ける中、ある日、コンビニ本部の品質管理担当者を藤原の工場に迎えることとなった。震災で売上が減少、沈滞ムードが続く中で何とか売上を獲得したいと願って担当者を迎えたが、昭和42年に移転し連続操業を続けた工場は、残念ながら先方から要求された品質管理基準と生産能力を満たすものではなかった。武田社長はこの経験から、これからますます「食の安全」は重要視されると予想し、今後の営業拡大を行うにあたっては、工場及び設備のリニューアルが必要と確信した。そして平成8年、武田社長は平均年齢48歳の180名すべての社員にアンケートを実施。新工場の建設に向けた意識調査を行った。結果は、当時の状況から、社員の95%が「新工場建設が無理であると思っている」との回答であった。平成2年、武田社長が銀行員時代に証券運用部に在籍していた時、東京丸の内のオフィスから大手町に新築されたオフィスへの移転を経験。会社が続くための要素として、発展的な仕事をするためには、働く「場」や環境との相関関係があることを感じていた。震災に始まり不良債権問題など社会が大きく揺れた1990年代後半、東京を離れ、老朽化の進む工場の中で、年配の社員と過ごす日々、武田社長は会社や商売が続くとはどういうことかについて考えていた。出た答えは「美味しいお菓子をつくる為には、人づくりが必要で、人づくりは舞台づくりから」そして何よりも、若い人が就職先として希望しない会社や、若い顧客から支持されない商売は永続しないと考えた。

リアルな場づくり 武田浩一社長 舞台芸術経営へ

建築家 大角雄三氏と古民家再生手法との出会い

「優れた人材が活躍するにふさわしい舞台を用意することが経営者の最大の仕事です。私はそれを『舞台芸術経営』と呼んでいます」と武田社長。「会社の主人公は社員。一人ひとりが主人公となり、最も輝く表情で演技ができる脚本を書き、最高の舞台をつくりたい」と意気込む。社員が輝く舞台づくりには2種類ある。1つは全社員が活躍できる「場」であり、もう1つは社屋や設備などのリアルな「場」だ。平成8年、「今世紀中に新工場に移転する」と社員に向けて約束し、合理化へ向けた業務の再構築を重ね収益体質を向上させた。そして建築設計からライン設計、オーダーメイドの製造機械の開発など「未来へ続くものづくりの空間」としての新工場建設が武田社長の最初の仕事となった。償却を終え老朽化が目立つ旧工場であったものの、年配の社員の勤勉な仕事に支えられ励まされた日々の経験で得たものは、「資源の少ない日本のモノづくりでは、人こそ財産」という実践知だった。その経験から、新工場設計に込めた想いは、「家族のようなつながりを絶やさず、部門や年次の壁なく、若い人を加えて永続的に営むことのできる新しいものづくり空間をつくる」ということ。そして約束の期限が迫る平成12年11月に一部移転操業を開始、翌平成13年2月に完全竣工を迎えた。「人づくりは舞台づくりから」、武田社長の経営スタイルがこのように始まった。厚生労働省による食品衛生管理基準HACCP制度に準拠した藤原新工場竣工の翌平成14年に武田社長は古民家再生手法を得意とする建築家の大角雄三氏と出会い、そこから平成18年の創業150周年事業へ向けた新しいプロジェクトが始まった。五味太郎氏によるイラストをデザインした10玉入りのきびだんごは、新シリーズ黒糖味、自然海塩入りきびだんごなどへバリエーションを加えながらヒット商品に育った。その感謝をカタチにする創業150周年事業として、五味太郎氏による新作『桃太郎』絵本の出版や、同氏を招き地域の子供たちを交え行われた記念イベントなどが構想実行された。目玉は、老朽化した藤原店の建て替え事業。建築家の大角氏との出会いにより、近代化された新工場とは対極の価値観として浮かんだのが「たこ焼き屋台の美味しさ」だった。HACCP準拠によりマスクや衛生帽子などを着て、ガラス越しの向こうの衛生空間の中で作られる大量生産のお菓子。つくり手と顧客の距離感を見た武田社長は、新藤原店ではもっと顧客に近く、つくり手の表情や会話が生きるライブ感たっぷりの菓子空間の創造を構想した。建築の面でも「古いものと新しいものが同居する緊張感の中で生み出される創造的空間」を体現する古民家再生手法を選択。その舞台をつくり、そこで若い社員に、創造性をもって自由に仕事をさせることで、言葉ではなく日々の仕事を通じて日本の伝統の良さを発展的に次代につなぐことができると考えた。

そして平成19年春「悠~手づくりの時間と空間~お客様と社員でともにつくる地域コミュニティ再生の場」として新藤原店がオープン。顧客への感謝をカタチに、そこではお茶ときびだんごを無料で食べてもらえる

株式会社 廣榮堂

サービスや、社員の発案からランチメニューを加えたカフェ事業を新しくスタートした。この古民家を移築・再生した藤原店では、「伝統と新しいものとの融合」「過去ー現在ー未来の連結」をコンセプトに、ゆったりと五感を満たす空間を創り出した。由緒ある日本家屋の中で若手社員が生き生きと創意工夫を凝らし、日々新しいものや繋がりをつくり出す、まさに演者が輝く舞台になっている。その後も「刻の美術館　倉敷雄鶏店」や、若者をターゲットに和菓子とヘルシーなランチを楽しめる「CAFE Toki-doki KOEIDO」出店など各地域性に合わせた個性的なコンセプトの店舗建設を進めていった。さらに令和元年には、創業の地・岡山市中納言町の築70年を超える本店を、全面建て替えにより新たな姿へと生まれ変わらせた。新中納言本店は、釘を一切使わない木組みの伝統的な日本建築にこだわりながらも、内部には設計にあたり建築家の大角氏や社員とともに視察で訪れたスペインやフランスの建築や美術館、そこで得た『光の空間をつくる』というコンセプトをアイデア化。建物全体、随所にその要素を散りばめ、和の伝統とモダンが融合したユニークな建築ができあがった。店舗スペースに加え商品開発をするラボスペースなども備えており、会社や業種の枠を超えた多様な出会いを通じて、10年先の和菓子屋を構想した新しい食品産業創造のための舞台となっている。このように常に新しい挑戦を続ける武田社長だが、社長就任にあたって「組織は固着した時から腐敗が始まる。時代の変化と共に変わっていける企業づくりを目指す」と決意を固めた。社長に就任したのが日本の総人口がピークアウトし少子高齢化に向かう平成18年。これから会社を成長させるための独自の方程式「1・5×0・7＝1・05」を考案した。日本は少子高齢化により人口減少が続き、販売数量は70％まで落ち込む恐れがある。しかし、商品やサービスの付加価値を1・5倍に高めることができれば毎年5％の成長を維持できるというものだ。武田社長は社員それぞれの技量を高めることで、より付加価値の高い商品を生み出そうと考えた。銀

絵本作家五味太郎氏によるイラストで
おなじみのきびだんご

行で証券運用部にいた武田社長は、「私が在籍したころのディーリングルーム（資金運用の現場）は徒弟制の世界。相場判断は経験と技術がものを言います。職人の世界とも通じる仕事ですが、その経験がモノづくりに対する意識を形成していったと思います」と振り返る。

「大量生産は大手企業の得意分野です。それに対して中小事業者の当社は地元岡山ならではの仕事、職人ならではの仕事を極めて一層円熟味を増していきます。そういう技の光る世界が、地方のカラーとして今後必要だと思います」数々の革新を成し遂げて企業価値を高めた武田社長は、穏やかな口調の中にも「職人気質」の闘志を漲らせる。

モノづくりは人づくり―それぞれの個性を活かすことのできる自由で創造的な空間だから頑張れる

〝全社員が参加する経営〟で社員個々の才能を組織の共有財産に

銀行という数字の世界から和菓子の製造販売会社に移り、「つくり手の情熱や真心、丁寧さなど数字では評価できない価値こそモノづくりの神髄」と実感した武田社長は、人づくりにおいてもユニークな取り組みを行っている。廣榮堂に入社してすぐに着手したのが社員の能力を最大限に引き出す社員教育だった。社員一人ひとりに長所、得意な分野、今後やってみたいことなどをヒアリングし、人材育成に生かしていった。誰か一人が発案すれば会社を変えることができる。

「社員一人ひとりがクリエイターとして、才能や個性を発揮し活躍できる会社でありたいと考えています」と武田社長は笑みを浮かべる。全ての社員からアイデアを募り、若手でも能力があればどんどん抜擢し、建築やデザインなどジャンルを問わず仕事の間口を広げていくのが武田社長のやり方だ。このような経営のベースには、一橋大学名誉教授の野中郁次郎氏が提唱した『知識創造経営』がある。世の中には言語化・数値化できる〝形式知〟と、個人の感性や経験に基づく〝暗黙知〟が存在するが、大切なのは「暗黙知」。廣榮堂が提供

株式会社 廣榮堂

するものは「美味しさ」、「喜び」、「菓子のある幸せ」など顧客の経験価値をいかに高められるかが重要。イノベーションを生み続けるには社員一人ひとりの「感動体験」といった暗黙知を形式知に変換し、ワイガヤを通じて共有議論し、試行錯誤を通じて新しいオリジナルな商品やサービスといった感動価値を創造する。廣榮堂ではこのプロセスに社員の誰でも自由に参画できる仕組みとして独自のセンターテーブル方式を開発、社員全員が企画担当者として、新入社員の段階から自らの仕事を創造的に企画できるチャンスが整備されている。廣榮堂でも個性あふれる社員一人ひとりの暗黙知を言語化して形式知化し、組織の共有財産とすることで会社全体のレベルアップを図っている。また、廣榮堂の経営の中で特徴的なものの一つに、中期経営計画がある。その作成にあたってはすべての社員と熱心に意見交換がなされるが、なんとそれは「絵」で表現されている。その理由は数字、グラフ、図表が幅を利かせるありがちな計画書ではわかりにくく、どこか他人事になってしまうからだ。あらゆる社員が関わって完成した、親しみやすく血の通った計画書だからこそ連帯感が育まれるーという考えに基づく。この計画書は印刷され、全ての社員に配布されている。例えば、若手社員数人でそれぞれの個性や才能を生かせるサークルをつくり、自分の好きなことを自由に語って仕事に繋げるという取り組みを行っている。書道が得意な社員には商品パッケージの文字を任せ、菓子づくりが得意な社員にはカフェメニュー開発を任せている。「CAFE Tokidoki KOEIDO」出店の際には、カフェ好きの社員を集めて店舗づくりを行った。その際、20代の社員に予算を与え、店舗及び設備設計、内装や備品、制服や食器など一連の選定購入などの企画実行を一任した。また、インバウンドの来日が増加した平成26年には、社員の発案をもとにきびだんご8種についてハラル認証を取得。訪日時や海外販路拡大など和菓子のグローバル展開の一環として、イスラム教の戒律に従った食生活をするムスリムの人々が安心して食べられるハラル製品としての世界に新しいファンを得た。また、社員も出場した第一回お

中納言本店

かやまマラソンの協賛企業になった際、ランナーに向けて25㎞の中間の給食所で提供した「特製自然海塩増量きびだんご」がランナーの中で大きな話題を呼んだ。スポーツで汗を流した際に、塩分を少し多めに配合したミネラルたっぷりのきびだんごは大好評を博した。完走後廣榮堂の臨時売店に立ち寄ったランナーから「あのきびだんごが欲しい」との多くの声が寄せられ、商品化を決めた。社内ランナーを中心に商品開発、第三回おかやまマラソンの際に、塩レモン味の「スポーツきびだんご」として新発売した。

「現在のように情報過多の時代は、商品開発でもつい人のまねをしたくなります。そこで社員たちには、試行錯誤を繰り返しても自分たちで考え、まだこの世にない物を作るように言っています。創意工夫で常に新しいオリジナルな道を切り拓いていくのが廣榮堂のスタンスです」と熱く語る。

和菓子を通して日本の伝統的な食文化を世界に提供する

モノづくりを極めその価値を高めて地域のランドマークを目指す

令和3年に創業165年を迎えた廣榮堂。武田社長はさらに170周年に向け、同社を和菓子の製造・販売業から食を通して日本文化をプロデュースできる会社へ進化させようとしている。廣榮堂の歴史はイノベーションの歴史。そのユニークさは、160年余という長い歳月の間に代を重ね、積み上げられた食を中心とした発展的な試みと経験が、実践知として蓄積され社業に生かされている点だ。素材、製法に関する研究から、これまで手掛けた仕事についての全てをまとめれば、当地岡山の歴史遺産ともいうべき貴重なデータベースが完成する。

「食文化全体の中で和菓子を捉え直し、新しい食品産業を創造したい。和菓子に加え旬の食材を活かした献立やおもてなしの日の特別メニューなど、無形の文化財を提供する会社を目指します」モノづくりは人づくり、そして人づくりは舞台づくりから。「場をつくれば人は生き、輝く」をモットーに、岡山の地で伝統的な食文化を発展させる武田社長の挑戦は続く。

President Profile

武田　浩一（たけだ・こういち）

昭和 38 年生まれ。
明治大学政治経済学部卒業後、住友信託銀行（現 三井住友信託銀行）入社。
6 年間勤務した後、平成 6 年に株式会社廣榮堂に入社。
同 9 年に常務取締役、同 18 年代表取締役に就任。

Corporate Information

株式会社 廣榮堂

https：//koeido.co.jp/

廣榮堂 安政三年創業 岡山中納言角

所在地

〒 703-8245　岡山県岡山市中区 藤原 60
TEL　086-271-0001　FAX　086-272-4547

創　業

安政 3 年（1856）

設　立

昭和 46 年 3 月

資本金

7,500 万円

従業員数

150 人（2021 年 1 月末）

事業内容

和菓子の製造及び販売

社　是

我々は廣榮堂の成員として文化的・伝統的遺産である「きびだんご」を守るとともにそれを基礎に新しい食品産業を創造する。

誠実にして堅実なる仕事を通じて、お互いの人格ならびに生活の向上を目指すとともに地域社会の信頼を確立する。

ファインバブル業界のリーディングカンパニー

〝全ての人々に感動と喜びを与え続ける〟を理念に事業に邁進

〝全ての人々に感動と喜びを与え続ける〟という不変の理念を羅針盤に、時代の流れにとらわれないオンリーワンの道を歩んでいきます

株式会社 サイエンスホールディングス

代表取締役会長　**青山　恭明**

『女性の頬に塗られた油性ペンがシャワーの水で消えていく』、『女性の体に塗られた口紅やペンのインクがお風呂につかると消えていく』

これらはファインバブルを使ったシャワーヘッドとバスのCMだが、BGMの無いシンプルさが逆に目を引き、一度は見たことがあると記憶に残っている人が多いのではないだろうか。もちろん商品自体も画期的で、ファインバブルと呼ばれる超微細な泡の力で体の汚れを優しく強力に洗い落とすことができる。今現在、多くのユーザーに愛される爆発的なヒット商品となっている。これら商品の仕掛け人であり生みの親が、株式会社サイエンスホールディングス代表取締役会長の青山恭明氏。ファインバブル技術を民生品に落とし込み、一代で会社をファインバブルのリーディングカンパニーという地位にまで押し上げた人物だ。

「創業から今に至るまで〝我々に関与する全ての人々に感動と喜びを与え続ける〟という理念を忘れたことはありませんし、今後もこの理念の実現を最優先として事業を続けてまいります」

こう力強く話す青山会長に、創業から現在、今後の展望といったことまで、詳しくお話を伺った。

娘の皮膚疾患をきっかけに水の事業を始める

こすらず洗える〝現代版人間洗濯機〟の開発を目指す

サイエンスの創業は平成19年8月。青山会長に、現サイエンス代表取締役社長の水上康洋氏と現ライフデザインホーム代表取締役社長の根郷陽一氏の2人を加えた3人で、雑居ビルの一室からスタートした。当時の主力製品は、家中の水を浄活水化させるセントラル型の浄水システム。

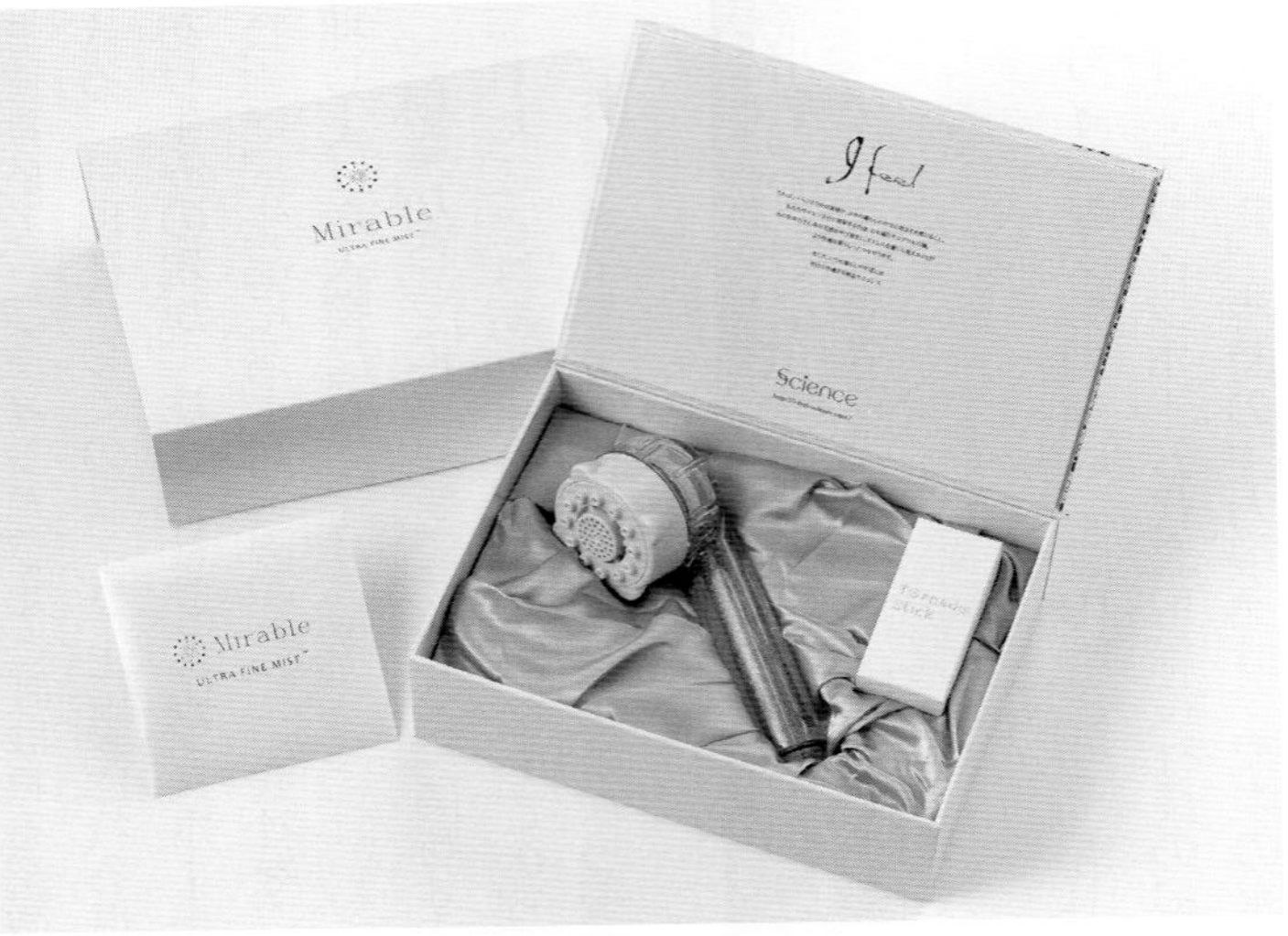

ヒット商品となったシャワーヘッド「ミラブル plus」

そもそも青山会長が水をテーマとした事業を始めたのは、自身の三女が患っていた皮膚疾患がきっかけだった。

「幼稚園の頃から重度の皮膚疾患に悩まされ、それが原因でいじめを受けることもあり、私と妻も毎日心を痛めて悩んでいました」

良いと聞いた病院は遠方であろうが連れていくなど、様々手を尽くすものの三女の皮膚疾患は一向に良くならない。そんな時、偶然読んだ大学の文献から「水道水には殺菌のため塩素が入れられている」ことを知る。

「塩素は殺菌作用がある一方、人体への影響もないとはいえないもろ刃の剣のようなものでした。そして後に娘が塩素による皮膚疾患であったことがわかったのです」

すぐに青山会長は脱塩素を可能にするシャワーヘッドを開発。三女にそのシャワーヘッドの水だけで生活させると、わずか3カ月ほどで症状に改善が見られたのだ。

「凄く衝撃で、生きている者の原点は水なんだと改めて思い知らされました」

その後、青山会長はシャワーヘッドのみならず、家庭の水全ての脱塩素を可能にする上述の浄水システムを、紆余曲折の末開発。サイエンスの設立と同時に販売を開始した。

浄水システムの売上は順調に推移し、会社としても1期目の赤字から2期目には黒字に。サイエンスは軌道に乗りつつあったが、青山会長の表情はどこか浮かない。

「娘が心配でした。浄水システムがないと生活がままならず、体をこすって洗うこともできない。依然娘の生活は不便なままで…」

こうした事情もあり、青山会長は「もっと社会に役立つ商品を開発できないか」と新たな商品開発を模索するようになる。そこで思い出したのが、少年時代に大阪万博で見た三洋の「人間洗濯機」だった。「自分でこすらずに、衣類と同じように人が自動で洗われるのを見て、小学生ながらに感動しました」

「今の時代に、こすらずに洗える人間洗濯機のようなものが作れないか。実現できれば娘も肌をこすらずに体を洗うことができる。サイエンスの次の一手は、進化型のお風呂だと」

こうして青山会長の新たな挑戦が始まった。

電子部品や精密機械の洗浄に用いられていたマイクロバブルに着目

微小な泡で体を洗える〝マイクロバブルトルネード〟を開発

張り切って開発プランを打ち出したは良いものの、障害はいくつもあった。「そもそもどうやって作るのか…」、「仮に作れたとしても莫大なコストがかかり、売れなければ会社は終わる…」

完全に行き詰まっていた青山会長に救いの手を差し伸べる人物が現れる。その人物こそ、不動産総合ディベロッパー・タカラレーベンの現代表取締役（当時常務取締役）の島田和一氏だった。

「元々当社の浄水システムを利用頂きご縁がありました。島田さんに進化版人間洗濯機の構想を伝えたら、感銘を受けて頂きまして。『開発が実現できればうちの物件に全て標準装備をする』と言って頂いたことで、本格的な開発に踏み切れたのです」

島田氏の後押しを受けた青山会長は、電子部品や精密機械の洗浄に用いられていたマイクロバブルに着目。「これを人にも応用できないかと、マイクロバブル発生装置の開発・製造メーカーに片っ端から連絡しました」

しかし結果は、『無理だ』、『無謀だ』とどこの企業もけんもほろろ。当時のマイクロバブル技術は産業用の活用が前提であったことから、民生品、それもお風呂での活用はどこからも受け入れられなかったのだ。それでも青山会長は諦めなかった。そして最終的に辿り着いた会社が、長崎にある水をテーマにあらゆる研究開発を行う会社だった。

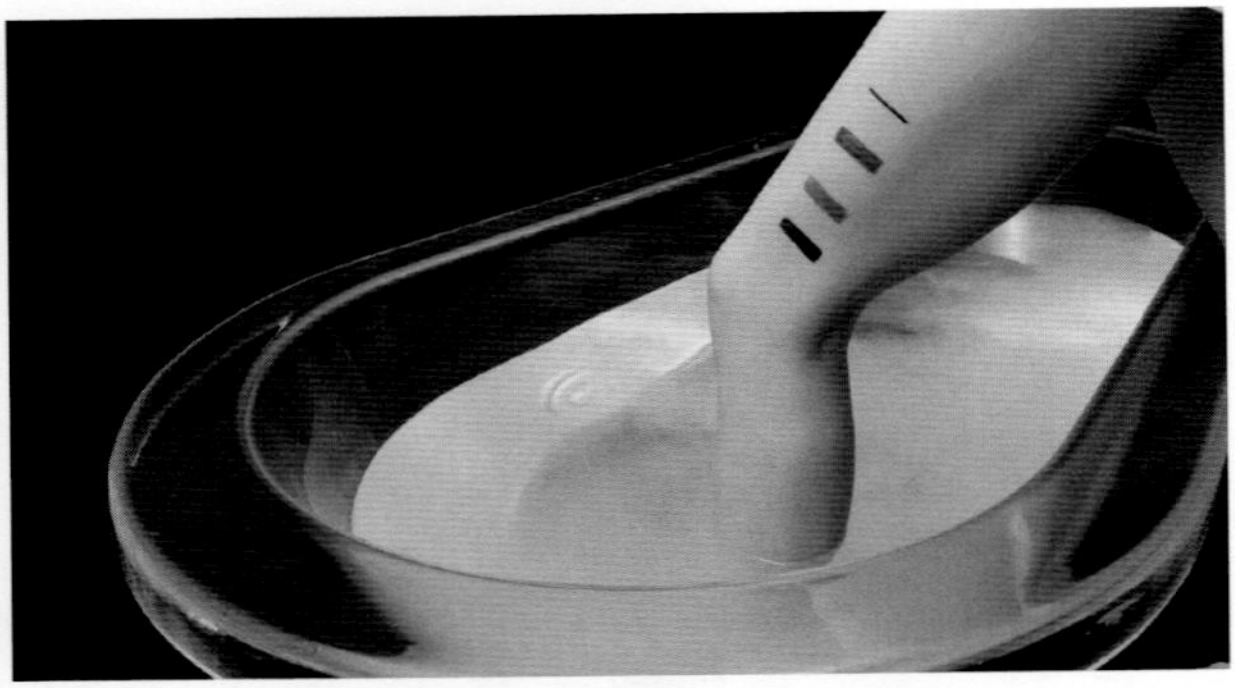

つかるだけで口紅やペンのインクが消えるミラバス

当時同社の技術部長を務めていた平江真輝氏に、青山会長は自身の想いや商品の構想を懸命に伝えた。「今回もダメか…」という思いが頭をよぎっていた青山会長だったが、平江氏から帰ってきた答えは「開発したい」というものだった。そこから開発が始まり、平成20年、ついに直径1千分の3ミリの超微小な泡が発生するマイクロバブル入浴装置、名付けて〝マイクロバブルトルネード〟が誕生した。販売開始当初は、『得体が知れない』、『何だか怪しい』という反応で売り上げは思うように伸びなかったが、体験会や展示会への出展などを通して製品の魅力を知ってもらうと売れ行きが一気に加速。〝マイクロバブルトルネード〟はサイエンス増収増益の原動力となった。

サイエンス製品標準装備の住宅販売事業を開始

地域から愛される努力を続けて事業を軌道に

マイクロバブルトルネードを開発以降、業績は上がり続け、順調な歩みを見せていたサイエンスだったが、平成27年に驚きの展開を見せる。それが、住宅販売事業への進出だ。

「私自身21歳の時に初めて家を買ったのですが、その時の感動は今でも忘れられない程大きなものでした。住宅販売はお客様に大きな感動を与えることができ、さらにその後、世代を超えて一生のお付き合いをお客様とさせて頂ける。見通しは何もありませんでしたが、絶対に住宅事業をやってやろうと」。すぐに拠点探しを始め、兵庫県小野市に事務所を設立。サイエンス創業メンバーの根郷陽一氏が代表となって、株式会社ライフデザインホームが誕生した。

「〝5つ星の生活（くらし）〟というコンセプトを掲げ、水回りは全て当社の製品を標準装備させるなどして、〝安心・安全・健康・快適・美容〟の5つ全てに満足を感じて頂ける家づくりにこだわりました」。宿泊体験も可能なモデルハウスを建て、まずは地域に愛される存在を目指して、〝5つ星祭り〟と銘打ったイベントを定期的に開催した。

「営業はほとんどせずに、まずは地域の皆様に当社を覚えて頂き、愛着をもって頂くことから始めました」。青山会長はこの住宅事業を続けていく上で一つのルールを作った。それが「一年間受注ゼロなら住宅事業を撤退する」というもの。設立からスタッフ総動員でイベントを行い、営業活動を二の次にしてとにかく地域の人々から愛される努力を続けた。努力が功を奏したのは、設立から12カ月目。住宅事業存亡がかかったリミットの月だった。

「この月に初めて契約を頂くことができたのです。お客様に住宅自体はもちろんですが、私たちの対応も大変気に入って下さって。それが本当に嬉しかったですね」

以降は右肩上がりに受注・契約は増え、今現在住宅事業は「完全に軌道に乗りました」と青山会長。「私は住宅の専門家でも何でもありませんでしたが、想いと情熱と行動力さえあればなんだって実現できるということをこの住宅事業は教えてくれました」

グループスタッフは一つの大家族

「社員は自分の子供のような存在」

今現在株式会社サイエンスはバス分野の「マイクロバブルトルネード」、「ミラバス」。シャワーヘッド分野の「ミラブルplus」。キッチン分野の「ミラブルキッチン」。美容分野の「ミラブルケア」。そして家中を浄活水させる「サイエンスウォーターシステム」といった製品を扱っている。

さらにグループ会社としてサイエンス製品の修理・メンテナンスを行う株式会社サイエンスCS、上述の住宅事業である株式会社ライフデザインホーム、そして今年4月にはファインバブル計測を専門に行う株式会社FB技術計測研究所を新たに設立した。これら各企業が一体となったサイエンスホールディングスとして事業活動を行っている。全国に支店を構え、従業員はグループ全体で約

80人。ビルの一室で3人から始まった会社は、わずか十数年でこのような大きな成長を遂げた。

「世の中にインパクトを与え、喜んで頂くという一心でこれまで事業を続けてきました。そして毎年熱い想いを抱いた若いスタッフが入ってきてくれる。私たち従業員の情熱と不変の理念があればこれからもサイエンスは成長していける」と青山会長はきっぱり語る。これまでになかった製品を世に送り、インパクトの大きなCMで世間の注目を浴びるなど、どこか華やかな印象を受けるサイエンスという会社だが、社内風土は意外や意外、一言で表すと〝昭和〟だ。コミュニケーションを何より大事にし、誰かが困っていればスタッフ皆で共有して解決をはかる。グループ全体がまるで大家族のような集まりとなっている。

「昔に比べ、今は人間関係が希薄になっていますが、弊社は時代を逆行するように皆で家族のようにワイワイ言いながら仕事をしています。社員は私にとって子供のような存在で、皆愛おしくて可愛いんです」

毎年年末には家族旅行ならぬ「望年会旅行」を、社員の家族も含めて全員参加で実施する。旅行の恒例となっている出し物大会では、若手、ベテラン、役員が、年齢や立場関係なく、それぞれが優勝を目指して準備の段階から膨大なエネルギーを注ぐ。「遊びも仕事も手を抜かない。それが私たちサイエンスの社風です」と青山会長は微笑む。

「望年会旅行」の恒例である出し物大会で奮闘する社員たち

2019年、環境保全に寄与する「SDGs宣言」を発表

50年後も安心して暮らせる社会を目指して

創業以来成長・発展を続け、ファインバブル業界の中でも確固たる地位を築き上げてきたサイエンス。そんな同社が数年前から注力している取り組みがある。それが「SDGs（エスディージーズ）」への貢献だ。

SDGsとは「Sustainable Development Goals（持続可能な開発目標）」の略称で、世界をより良いものに変えていくために国連が掲げた目標だ。「全17の目標のうち、3、すべての人に健康と福祉を。6、安全な水とトイレを世界中に。11、住み続けられるまちづくりを。14、海の豊かさを守ろう。という我々の事業と親和性の高いこの4つの目標に寄与していくことを2019年に「SDGs宣言」という形で発表させて頂きました」

青山会長は「弊社の製品が普及すればする程、SDGsに寄与できる」と力を込める。「私には今孫が5人いますが、皆が50年後も安心して暮らせる社会を実現するためにも、我々の事業拡大をさらに推し進めていきたい」

常に未来を見据えて経営の舵を取る青山会長。こうした「SDGsへの寄与」に加え、2025年の大阪・関西万博出展の実現に向けての準備も着々と進めている。

「大阪・関西万博をきっかけとして、本格的な海外進出を視野に入れています」

〝全ての人々に感動と喜びを与え続ける〟という不変の理念を羅針盤に、今後も青山会長とスタッフは、時代の流れにとらわれないオンリーワンの道を歩んでいく。

President Profile

青山　恭明（あおやま・やすあき）

昭和 34 年生まれ。大阪府出身。
平成 19 年 8 月株式会社サイエンストレーディングを設立。
平成 20 年 4 月、株式会社サイエンスへ社名変更。
浄活水装置、マイクロバブル入浴装置など水にこだわった製品の開発・製造・販売で事業を展開。
同 27 年にライフデザインホーム事業部を発足。同 29 年株式会社ライフデザインホームとして設立。
現在も「新習慣」というキーワードのもと、新たな生活習慣の価値を提案し続けている。
一般社団法人ファインバブル産業会理事。日本抗加齢協会九州支部理事。
10 歳若返りプロジェクト実行委員。大阪商工会議所ライフサイエンス振興委員会委員。

Corporate Information

株式会社 サイエンス

https：//i-feel-science.com/

I feel Science 株式会社サイエンス

所在地

〒 532-0011　大阪市淀川区西中島 5-5-15
新大阪セントラルタワー北館 5 階
TEL　06-6307-2400　FAX　06-6307-2444

設立

2007 年 8 月

資本金

3,000 万円

従業員数

80 人

事業内容

ファインバブル製品の製造・販売及びメンテナンス、セントラル型浄水装置の製造・販売及びメンテナンス、ライフデザインホーム事業（住宅販売）

経営理念

我々に関与する全ての人々に感動と喜びを与え続ける。

FA・ロボットシステム
インテグレーター業界のトップランナー

クライアント個々の要望に応じた
システム導入で強みを発揮

今後も現状に
甘んじることなく、
時代の変化に対応しなが
ら、私たちにしかでき
ないモノづくりを貫
いていきたい

三明機工株式会社

代表取締役社長　**久保田　和雄**

自動車や家電など完成品をつくるメーカー、そこに部品を供給するメーカー、さらに完成品や部品を作るための産業機械を作るメーカー。日本のモノづくり産業はざっくりこのような三層構造に分かれている。

日本が世界に誇るハイクオリティなモノづくりを、一番縁の下で支えているのが産業機械メーカーだ。そしてこの産業機械メーカーの中で、近年大きな注目を集めている企業が静岡県に本社を構える三明機工株式会社だ。

クライアントの細かな要望に応じたオーダーメイドの産業機械システムを構築。ロボットや自動化を駆使した〝トータルシステムインテグレーター〟として、その地位を確かなものとしている。

「お客様の製造現場のシステムをトータルに構築できるところが私たちの強みです。それぞれのお客様にとって唯一無二の存在となれるようなオンリーワン企業を目指しています」

こう話すのは、成長著しい三明機工を長年力強く牽引してきた久保田和雄社長だ。創業からの成長の軌跡、今現在の取組み、今後の展望まで様々なお話を伺った。

久保田社長と三明機工の運命的な出会い

新たな事業分野進出で躍進

三明機工の設立は今から43年前の1978年。「前身は合板の機械を作っていた松永鉄工所と鋳物のプラントを作っていた東海工業。この2社が合併してできたのが三明機工です」

そんな三明機工に久保田社長が入社したのは設立から6年後の1984年。当時三明グループの

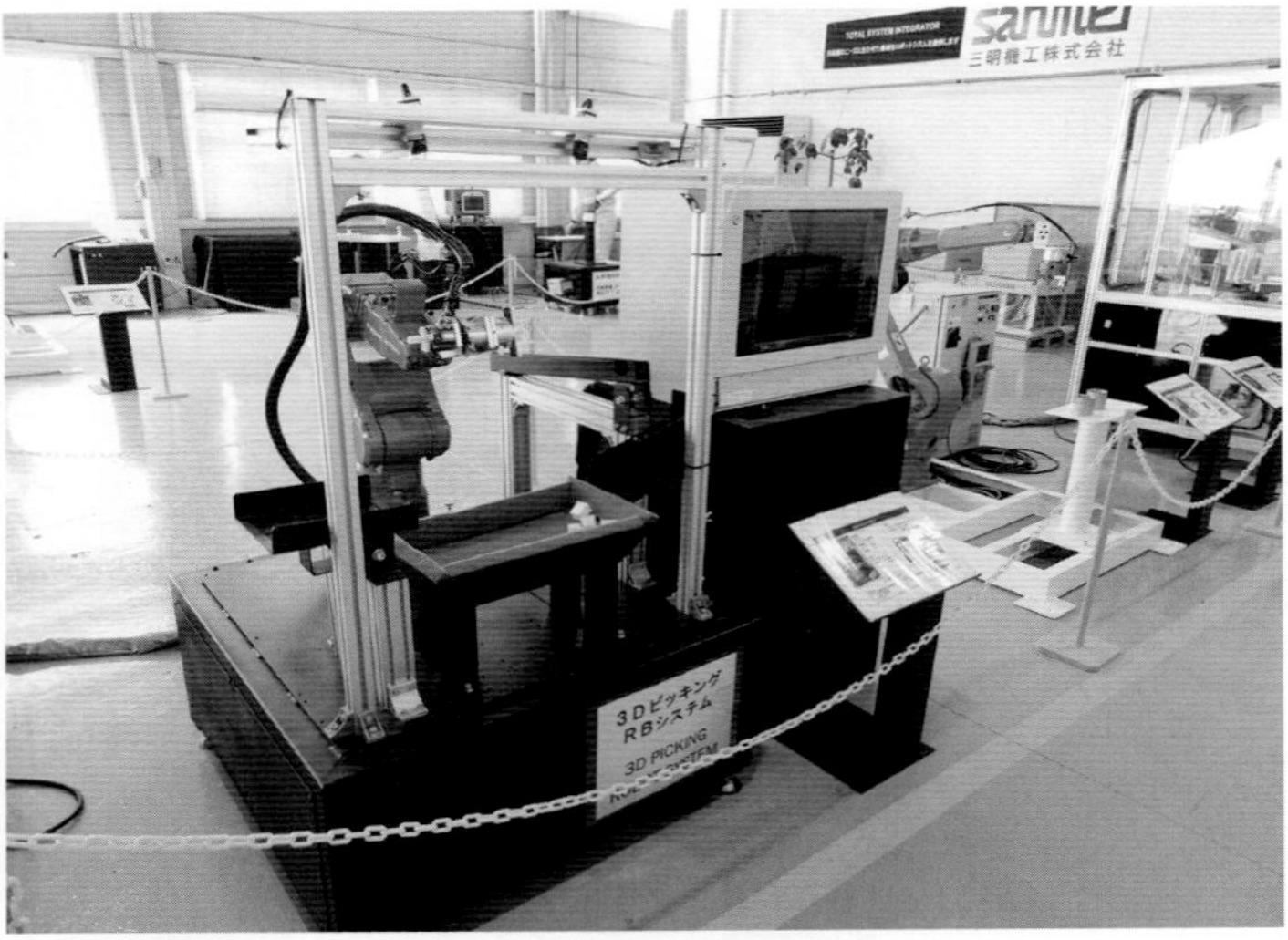

自動化ロボットシステムの一つである3次元ランダムピッキング

オーナーだった内藤定義氏との出会いがきっかけだったという。

「内藤オーナーから『将来の三明機工を君に託す』とおっしゃって頂き入社しました。当時の三明機工はとても小さな会社でしたので〝凄い所に来てしまったもんだ〟と内心思っていました」と笑う。

入社後、久保田社長は自社の強みを活かした機械の製造・販売に力を入れ、売上げを着実に伸ばした。同時に新たな事業展開を模索し、当時まだ注目されていなかったロボット事業に着目。当時から産業用ロボット開発に力を入れていた安川電機の協力を得て、1986年に入った頃から本格的にロボットを組み込んだ機械の製造・販売を始めた。

成長カーブを描いて勢いづく三明機工。同社の次の一手は、溶かした金属を金型に注入し、冷やして固めるダイカストマシンのロボットによる自動化だった。主に自動車部品や建築資材、家電の部品などを作る際に用いられるこの機械のシステム構築に乗り出したのだ。

「弊社の強みであるロボットを用いたトータル的なシステム構築を、ダイカストマシンの分野でも行うことができるようになり、多くのクライアント様に受け入れて頂きました」

この事業も軌道に乗り、今ではダイカストマシン自動化製造分野で業界1、2を争うまでに成長した。

こうした新しい事業展開や、新規顧客開拓を順調に推し進めてきた久保田社長は、1996年に正式に三明機工の代表取締役社長に就任し、経営トップとして新たなスタートを切った。そして社長就任から4年後の2000年。新たな分野のシステム開発に成功。それが液晶ガラス基板搬送システムだ。

台湾全土の液晶メーカー工場のスタンダードとなった液晶ガラス基板搬送システム

革新と伝統の融合でオンリーワンの機械を製造

「まだ世の中に液晶テレビが普及していない時からフラットパネルディスプレイに着目し、アメリカのガラス基板メーカーと取引を開始しました。その後テレビの薄型化やパソコンの普及で、フラットパネルディスプレイの需要が世界的に高まり、当社にもシステム構築の相談依頼が多く寄せられるようになりました」

依頼は国内のみならず、海外からも。台湾の液晶パネルメーカーからの依頼を受け、国外で初めてシステムを導入。三明機工の手掛けるシステムは、台湾企業から「革新的」と受け入れられ、最初の導入を皮切りに、台湾全土の液晶メーカーへ提案営業を敢行し、多くの受注に繋げた。「弊社のシステムが今では、台湾の液晶メーカー工場のスタンダードになっています」と胸を張る。

三明機工入社以降、手掛けた新規事業をことごとく成功に導いてきた久保田社長。「苦難の連続でしたが、何とか順調に成長を続けてこられたのかなと思います」と感慨深げにこれまでを振り返る。

三明機工の柱となる4つのメイン事業

「お客様の要望があれば、世の中にないものでもどんどん生み出していきたい」

設立時45人だった社員数は今では１４０人余り。本社工場も見違えるように大きくなり、２００５年には静岡県清水区内に清池工場を建設。２０１１年にタイ、２０１７年に中国にそれぞれ現地法人・工場を設立するなどグローバルな活動にも注力している。

「新たなことへの挑戦も成長の要因ですが、当社の前進である松永鉄工と東海工業から受け継いだ機械製造のノウハウも成長するためには不可欠でしたし、今もその技術は脈々と受け継がれています」

まさに革新と伝統の融合こそが、三明機工の躍進、そして他には真似のできないオンリーワンの機械を作り続けてこられた要因となっている。

「今後も現状に甘んじることなく、時代の変化に対応しながら、私たちにしかできないモノづくりというものを貫いていきたいですね」としっかりと前を見据える久保田社長。

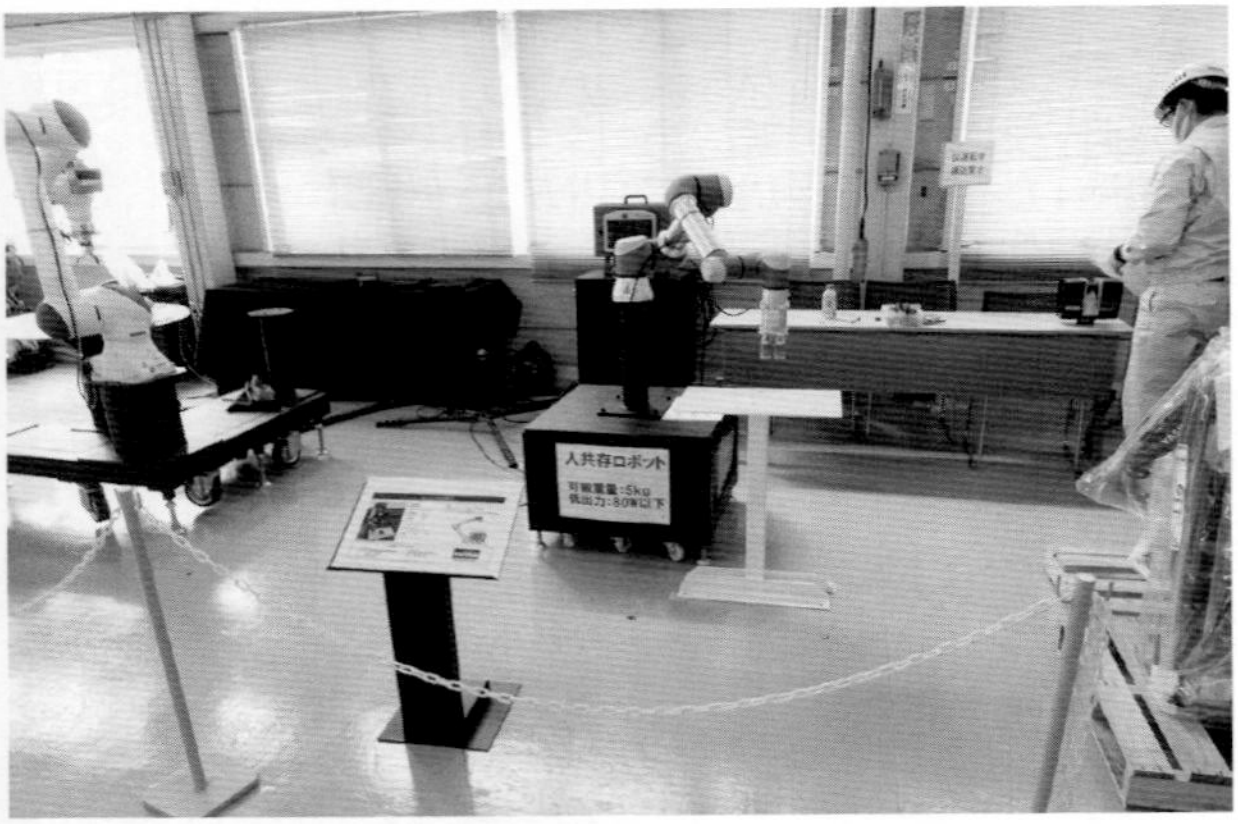

人との共同作業が可能となるユニバーサルロボット

三明機工株式会社

今現在三明機工は、自社の強みである機械技術、電気技術、ロボット技術を駆使した総合力を活かして、各種専用自動化ロボットシステム、鋳造プラント自動化システム、アルミダイカスト自動化システム、フラットパネルディスプレイ自動化システムと、大きく4つの事業を手掛けている。

一つ目の各種専用自動化ロボットシステムに関しては、これまで自動車部品や食品、住宅設備、鉄道事業など多様な業界の生産・搬送現場に完全オーダーメイドでシステムを導入してきた実績を持ち、鉄道車両の自動搬送装置や人との共同作業が可能となるユニバーサルロボット、3次元ランダムピッキングといった、これまでになかった画期的な装置も数多く開発してきた。

二つ目の鋳造プラント自動化システムは、東海工業から引き継いできたノウハウを土台に、新たな技術を常に取り入れながらアップグレードを繰り返し、安全性と技術力を高次元で融合させた自動化システム装置の開発を実現させている。

そして三つ目のダイカストマシン自動化システムは業界1、2を争うまでに成長を遂げた事業分野で、国内企業では数少ない大規模なシステム装置開発にも対応できる態勢を整えている。「この分野はアルミ製品のコスト低減が続いているので、ダイカストマシンの高度な自動化によってお客様をしっかりとサポートさせて頂ければと考えています」

そして四つ目のフラットパネルディスプレイ自動化システムは、台湾でトップシェアを誇り、国内でも高いシェアをもつ。「デリケートな液晶パネルは品質保証が何よりも大切です。非接触の搬送を実現させるなどして、高品質生産に繋げて頂いています」

これら4つの事業。分野は全く異なるが「どの分野もロボットによる自動化という私たちの強みが大いに活かされています。今後もお客様のご要望があれば、世の中にないものでもどんどん生み出していきたい」と久保田社長は力を込める。

フロントローディングを可能にする〝バーチャルロボットソリューションセンター〟

組立前に完成形を3D動画で確認できる画期的な提案・受注システム

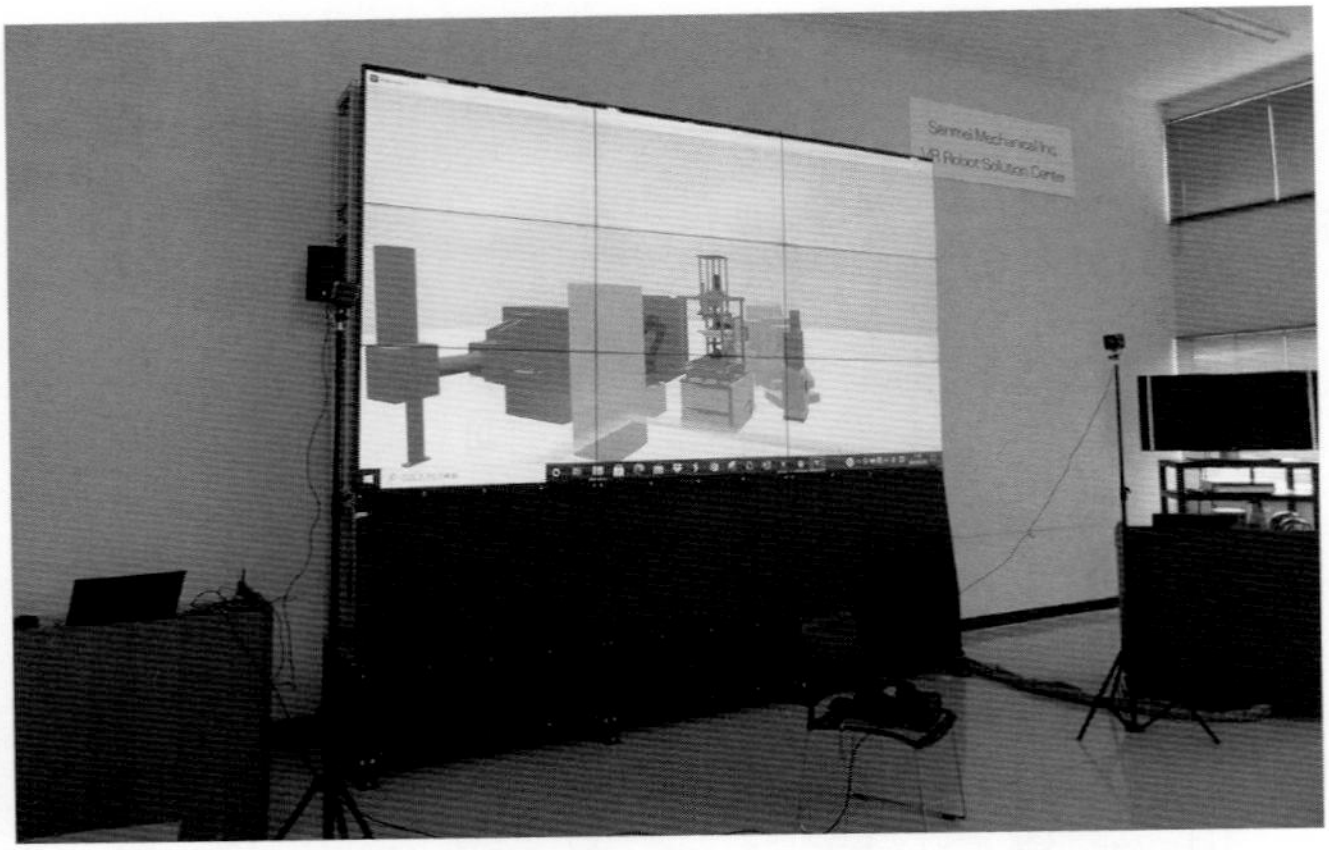

本社社屋内にあるバーチャルロボット
ソリューションセンター

三明機工の手掛ける全てのシステムは、一つひとつのクライアントの施設規模や状況に合わせ、オーダーメイドで設計し、作り上げるが、組み上がった完成形のシステムが製造現場でどのようなレイアウトとなってどのような運用がなされるのか。

こうしたクライアントが最も気になる部分を、同社では組立前の構想・設計段階において、机上ではなく実際に見て体験することができるという。これを可能にしているのが、三明機工本社社屋内にあるバーチャルロボットソリューションセンター（以下ＶＲＳＣ）だ。

「私たちの仕事で最悪なことは、お客様から『こんなはずじゃなかった…』、『思っていたのと違った…』、『使い勝手が不便…』といった声を頂くことです。システムは一度組み上げると手直しも大変ですし、変更が不可能な場合もあります。お客様が満足して納得いただけるシステムを漏れなく作り上げるためには、制作工程の初期段階に負荷をかけるフロントローディングを行わなければということで、2019年にVRSCを開設しました」

製造現場スペースに仮想空間を再現する「デジタルツイン」技術を活用し、クライアントの要望するロボットシステムを3Dで作図。作図したシステムを実際に稼働させ、動きを確認することもできる。さらにVR（仮想現実）ゴーグルを使えば、自分がそこで実際に作業をしている感覚を体験することも可能となる。

こうした3Dのシミュレーション映像を、社内にある200インチの大型スクリーン、あるいは非対面の遠隔にて確認することができる。

「装置ラインタクトや人の動線分析などを短時間でイメージ共有することができ、相互認識不足解消に繋げられます」

業界内で先駆けて実践する画期的なこの提案・受注システム。久保田社長は「バーチャル営業という新たな提案の形を今後の営業のスタンダードにしていきたい」と意気込む。

「FA・ロボット分野のシステムインテグレーターの確保・育成が今後の課題」

全寮制を導入し、若手人材の育成に注力

業界に次々と新風を吹き込む久保田社長が、今とくに力を入れているのが業界の認知度向上と人材育成だ。

「少子化の影響で労働力の不足が見込まれますが、産業用ロボットの需要が高まることは間違いありません。ニーズに応えるために、FA・ロボット分野のシステムインテグレーター（SIer）

の確保・育成は私たちの業界の大きな課題の一つです」

こうした課題解決に向けて、2018年に久保田社長はＳＩｅｒの全国組織として、ＦＡ・ロボットシステムインテグレーター協会を設立した。発足当時140社ほどだった加盟企業が今では300社近くに拡大している。

「ＳＩｅｒ関連企業の経営基盤の強化や人材の確保・育成などの支援を通してＳＩｅｒ事業環境の向上をはかり、日本産業の発展と競争力の強化に貢献していきたい」

さらに2019年にはＦＡ・ロボットシステムインテグレーター協会にロボットメーカー7社、国立高等専門学校機構、全国工業高等学校長協会、高齢・障害・求職者雇用支援機構が一体となった、未来ロボティクスエンジニア育成協議会、通称〝ＣＨＥＲＳＩ〟が発足した。「ＳＩｅｒという職業を日本に定着させ、若い人が目指したいと思える地位にもっていきたいということから生まれた組織です」

三明機工という枠を飛び越え、業界全体の人材確保・育成にも大きな力を注ぐ久保田社長だが、一方で自社における人材の育成にもここ数年ずっと力を注いでいる。三明グループが一環として行っているのが、企業としては珍しい全寮制システムだ。男性新入社員が一年間寮で共同生活を行い、結束力を高めるとともに、仕事の適性や社会人としての礼儀・作法などを学ぶ。

「全スタッフには幹部候補生として育ってもらいたいということで、月に2回、企業経営者や銀行関係の方を講師に招き、主に経営・財務をテーマとした勉強会も開催しています」

こうして育ったスタッフが営業や技術など各部門に配属され、切磋琢磨を続ける。久保田社長は「スタッフ全体の一体感はグループの大きな強みであり武器。今後も、目標に向かって全員が一枚岩となって突き進んでいきます」と瞳を輝かせる。

President Profile

久保田和雄（くぼた・かずお）

昭和 27 年生まれ。静岡県出身。

武蔵工業大学工学部機械工学科卒業。

昭和 59 年三明機工株式会社入社後技術課長就任。同 62 年製造部長、平成元年常務を経て同 8 年代表取締役社長。

日本ロボット工業会副会長。FA・ロボットシステムインテグレーター協会会長。

日本鋳造協会機材部会・国際部会役員。日本ダイカスト協会会員。

静岡県シートメタル工業会元会長。

Corporate Information

三明機工株式会社

https：//www.sanmei-kikou.co.jp/

SANMEI GROUP IDENTITY
sanmei
三明機工株式会社

所在地

〒 424-0037　静岡県静岡市清水区袖師町 940
TEL　054-366-0088　FAX　054-366-0158
〈清池工場〉〒 424-0402　静岡県静岡市清水区清池 156-2
TEL　054-343-1022　FAX　054-343-1023
〈海外法人〉 SANMEI MECHANICAL THAILAND（タイ）
蘇州賛明自動化科技有限公司（中国）

設立

昭和 22 年 4 月

資本金

1000 万円

従業員数

140 人

事業内容

ロボットシステム＆ FA システム、ダイキャストマシン周辺自動化システム、鋳造プラント、フラットパネルディスプレイ製造ライン自動化システム、産業用省力化自動装置、切断積載自動化装置

経営理念

・お客様の夢を満足する機能と品質・価格を両立。
・相互の信頼と協力を築き社会に貢献する。
・その結果の報酬は社員の生活を豊かにし、健やかな家族を築く。

アフターコロナに向け、民間救急事業とバス事業に新たな未来を拓く

感染者の搬送技術を活用し、災害・防災への貢献を目指す

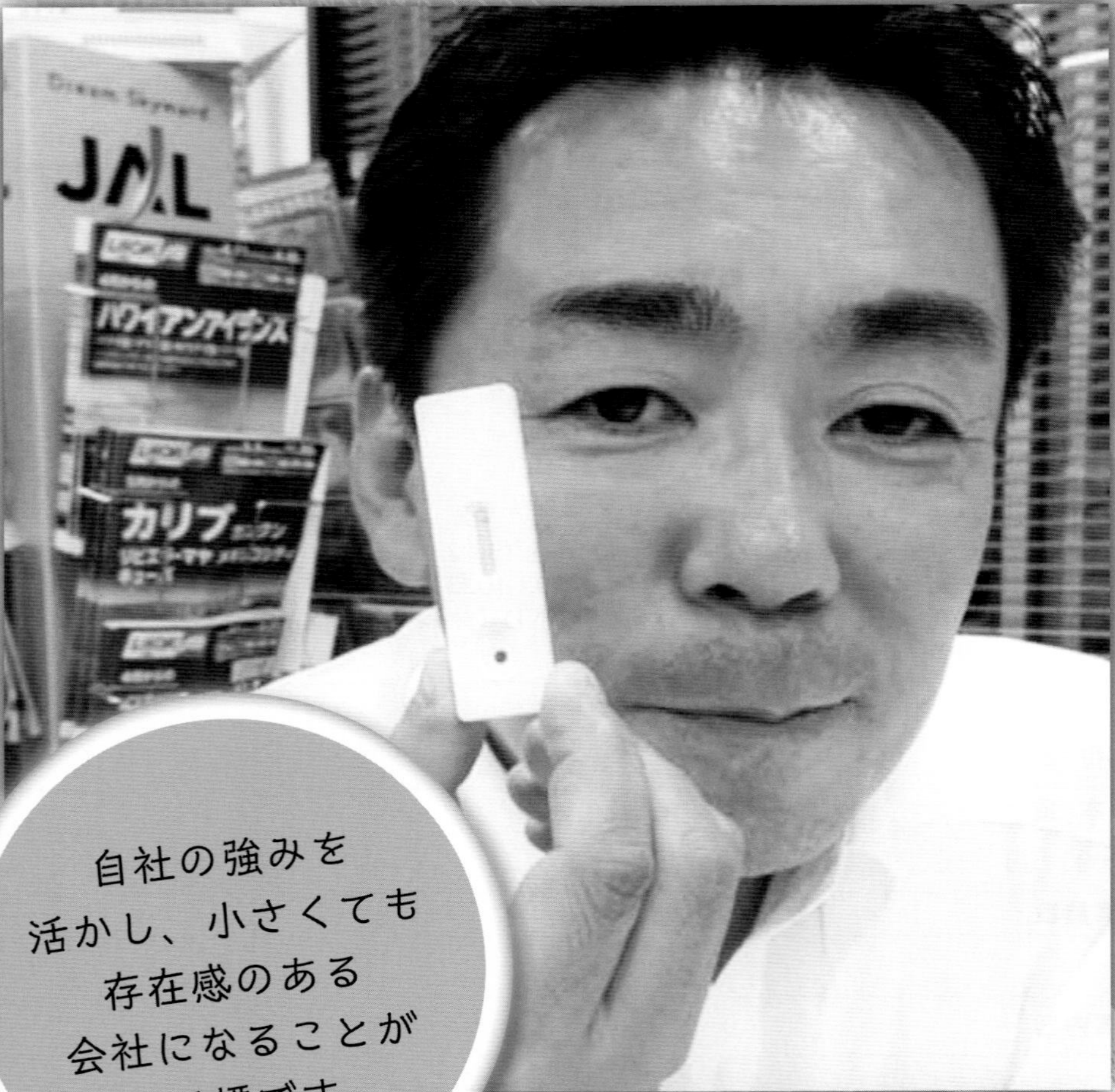

自社の強みを活かし、小さくても存在感のある会社になることが目標です

株式会社 スター交通

代表取締役 **碓氷 浩敬**

令和2年に救急車の救急出動件数は593万3，390件に上り、前年に比べやや減少したものの救急車の出動負担は大きい。そこで近年期待を集めているのが民間事業による救急搬送だ。民間救急は緊急性を要しないが、医療処置が必要な傷病者を医療機関に搬送する。消防署や病院の救急車と異なり、赤色灯やサイレンはなく緊急走行はできない。群馬県大泉町に本社を置き、埼玉・東京でも事業展開する株式会社スター交通は、貸し切りバス業務と同時に民間救急事業を営んでいる。

地方の一事業者に過ぎなかったスター交通が、令和2年2月に起こった「ダイヤモンド・プリンセス号」の新型コロナウイルス感染症患者の搬送によって、一気に全国に知られるようになった。

当初は得体のしれない不気味な感染症といわれた新型コロナウイルスに対し、ほぼ全てのバス業者が要請を断る中、スター交通は即座に救急搬送の協力を決めた。そこには社会貢献というきれいごとの言葉では表せない、碓氷社長と同社スタッフの熱い矜持と覚悟があった。

ダイヤモンド・プリンセス号の新型コロナウイルス感染者を搬送

営業区域違反、未知のウイルス、風評被害への恐怖の全てを覚悟し現場へ

令和2年2月9日。普段と何ら変わらないはずだったその日の夕刻、患者の搬送を終え会社に戻ろうとしていた碓氷社長の元に電話がかかってきた。「新型コロナウイルス感染者を一度に複数人で効率良く搬送したい。明日の朝8時30分に大黒埠頭までバスを出せるか」

スター交通が加盟する一般社団法人全民救患者搬送協会小谷理事長からの電話だった。

6日前の2月3日、新型コロナウイルス感染者を乗せたクルーズ船「ダイヤモンド・プリンセス

号」が神奈川県横浜港に入港していた。クルーズ船の乗客3700人のうち、当時判明していた感染者は70人を数えた。感染者搬送に救急車など輸送の確保が追い付かないため、民間救急とバス事業を行うスター交通が出動要請を受けたのだった。碓氷社長は2つの理由で即答できなかった。1つは貸し切りバスの営業区域は厳しく定められており、違反すると重い行政処分の対象になりかねない。もう1つは新型コロナという正体の知れないウイルスへの恐怖と、風評被害への不安だった。

「30分後に折り返し返事をしますと一旦電話を切って、当社の新井専務と相談しました。話しているうちに、このままクルーズ船で苦しんでいる感染者たちを見て見ぬふりはとてもできない。手をこまねいて何もしないではいられなくなりました」

スター交通は民間救急を始めて以来、通常の民間救急では難しい患者も快く引き受けて対応してきた。ダイヤモンド・プリンセス号の案件では、患者搬送チーム全員で対策を考えました。これまで不可能を可能にしてきた不屈のスピリットがふつふつと湧き上がってきたという。

碓氷社長とスタッフ一同

碓氷社長は「よし腹をくくろう」と決意し、新井専務は「私が行きます」と会社で用意した防護服を着こみ、ゴーグルとマスク、手袋を装着。区域外営業という行政処分も、新型コロナウイルスの風評被害も覚悟の上で大黒埠頭にバスを走らせた。決断から約16時間後の翌10日午前9時、バスは大黒埠頭に到着した。当初搬送は近隣の医療機関に向かうと予想していたが、最初に指示されたのは夜中の運行で静岡県の病院だった。防護服は一度着ると脱げないため、トイレ休憩は諦め長距離搬送に備えて大人用おむつを装着した。10人の感染者を乗せた大型バスは掛川市などの病院をまわり、大黒埠頭に戻った時には夜が明けていたという。

「こんな運行は国交省が標榜する安全基準からは完全に逸脱していますが、うちの搬送スタッフは一度も嫌だ、帰りたいとは言いませんでした。心の底から彼らを誇りに思います」

静岡、長野、時には大阪まで走る過酷な搬送業務は2月26日まで続き、途中から新島社員も参加して最終的にはクルーズ船の全感染者の一割を超える120人超を搬送した。営業区域の問題も手配と同時進行で関係する関係機関と調整を行って解決、当初懐疑かつ否定的だった監督官庁の態度も次第に軟化し理解と協力を得た騒動がひと段落してから新井専務と新島社員はPCR検査を受け、陰性が証明された。碓氷社長と搬送スタッフの高い志、積み上げてきた実績、徹底した感染防止対策が奏功した奇跡ともいえる快挙だった。

貸し切りバス事業に加え民間救急事業部門を立ち上げる

貸切バス・救急搬送サービスで群馬県大泉町、明和町、千代田町、埼玉県羽生市と協定を締結

碓氷社長は平成23年にスター交通を設立し貸し切りバス事業を始めた。開業の準備中に東日本大震災が発生し観光業は一時低迷した。同社も予定していた業務がほぼ全てキャンセルされた。

この苦い経験から碓氷社長は、「観光業は災害や海外の政情不安などのリスクが高い」と判断し方向転換を決意。「どんな時にも優先度が最も高い仕事は医療だと考え、また憧れもあり医療との繋がりが

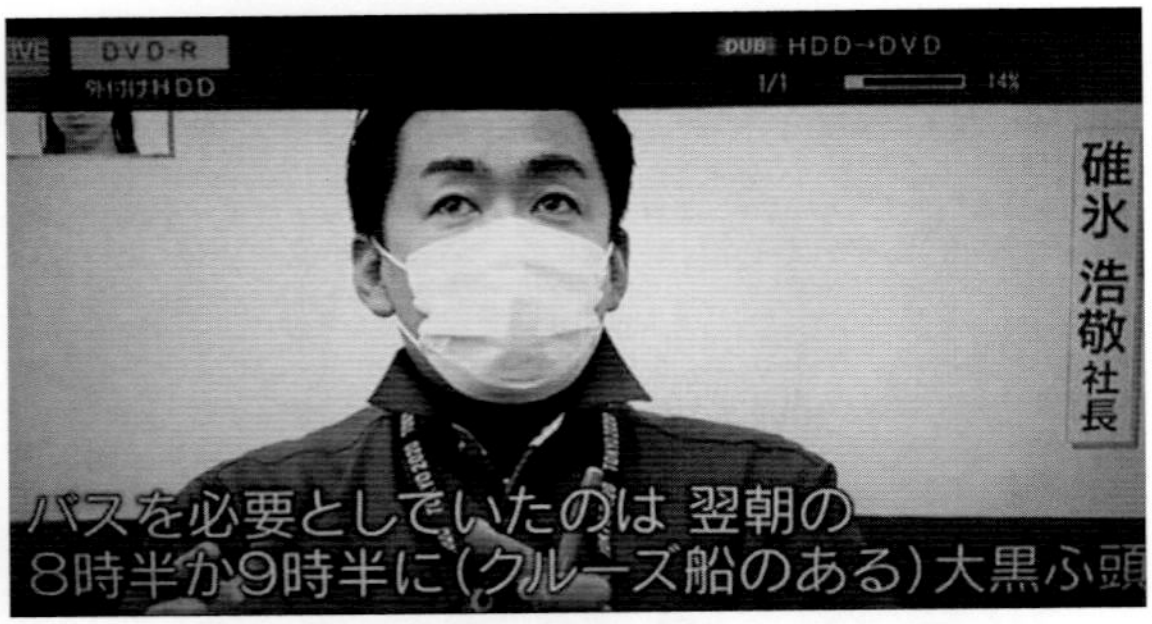
碓氷 浩敬 社長
バスを必要としていたのは 翌朝の
8時半か9時半に（クルーズ船のある）大黒ふ頭

ダイヤモンド・プリンセス号の患者搬送で
テレビインタビューを受ける碓氷社長

強い民間救急事業を始めようと思いました」

民間救急事業を始めるために営業許可を取り、「患者等搬送乗務員講習」を受講。さらに患者搬送に使用する車両の設備・備品基準をクリアし、消防認定を取得、そして常勤看護師も採用して業務を開始した。おっかなびっくりのスタートだったが、碓氷社長をはじめ社員全員が懸命に努力して、今では意思疎通不可の状態やバイタルサイン（脈拍・血圧・呼吸・体温などの生命兆候）のチェックが必要な重度重篤案件の搬送も難なくこなし、民間救急としては非常に高いスキルを有す。スター交通の設立5年目には、エボラ出血熱がアフリカで大流行したのをきっかけに、行政からの要請で感染症の専門家から感染症対策を学んだ。民間救急の分野でスター交通ほど多くの実績をもち、多様なノウハウを有する企業は全国でも稀有だ。

さらにスター交通は群馬県大泉町、明和町、千代田町、埼玉県羽生市との間でバス・民間救急搬送を含めた災害協定を締結した。救急事業で地域から厚い信頼を集めているスター交通だからこそ、「ダイヤモンド・プリンセス号」の新型コロナウイルス感染者の救急搬送協力要請の白羽の矢が当たった。

風評被害を乗り越え、いっそう強くなった社内の絆

民間救急に打ち込むスター交通に全国から応援メッセージが相次ぐ

株式会社 スター交通

ダイヤモンド・プリンセス号の新型コロナウイルス感染者の救急搬送という大仕事を成し遂げたスター交通だったが、この時碓氷社長は大きな課題を2つ抱えていた。社内の意志統一と風評被害への対策だ。感染者搬送は碓氷社長と新井専務の2人で決断したため、社員たちへの連絡は翌日の2月10日になった。緊急事態ゆえ無理からぬことだったが、報告の場は非常に暗い雰囲気だったという。

「新井専務や事務所のスタッフに感染したらどうするのか」「風評被害で仕事がなくなるのでは?」。社員から次々と質問が飛び、ついには「こんな会社では働けない」という声まで出た。

「事が重大でしたから、『理解してもらえなくても仕方がない』という思いはありました。しかし感染者搬送とは別に通常業務も動いていたので、とにかく落ち着いてもらおうと努めて冷静な説明を心掛けました」と当時を振り返る碓氷社長。最初は社内の大半が反発していたが、元々、困っている人の役に立ちたいという信念を胸に働いている社員だけに、少しずつ理解を示す社員が増えていった。この時感染者の救急搬送に最も批判的だった社員が、その後「救急搬送で走っているうちのバスを見たら、感動と誇らしさで涙が出た」と語る。

「本当に過酷な日々でしたが社員皆で乗り越えてきました。この経験を通して社内の絆がより強くなりました。社員には感謝しかありません」

その後、スター交通の本社がある大泉町で新型コロナウイルス感染患者が出た。この時SNSに「大泉でコロナの感染者が出たのはスター交通があるからだ」という心無い書き込みがあった。他にも「スター交通は何でもやるやばい会社」、「営業区域を無視している」、「地元で仕事がないから金欲しさに遠征している」などの書き込みがなされ、「風評被害の始まりか」と心底恐怖したという。

しかしメディアがスター交通の仕事やその成果を報道し始めると、励ましやねぎらいの声が次々と届き、あっという間に中傷を凌駕していった。「感動した」と泣きながら電話をかけてくる人や栄養ドリンクの差し入れを持ってくる近隣住民、そして感染者から感謝の言葉が寄せられたという。

こうした励ましや感謝の声に対して碓氷社長は、自らお礼のメールや電話をこまめに返している。文字通り寸暇を惜しんで返礼、返信を続けているが、「励ましのお声が私たちの原動力ですから」と爽やかな笑顔を浮かべる。

クルーズ船以降、オンリーワン企業として注目を集める

「コロナ禍の大変な時代だからこそ、真に存在感のある会社に」

クルーズ船の感染者搬送後、碓氷社長は同社で対応可能な業務を資料にまとめ、全国の自治体に送付した。日本中で同社だけがもつ貴重な経験を頼りに、群馬県内はもちろん全国から新型コロナウイルスの陽性患者搬送やＰＣＲ検査の輸送業務に関する搬送要請や問い合わせが殺到した。

さらに成田空港検疫・厚生労働省からは、海外からの帰国者を成田空港から自宅へ輸送する業務を相談され、その後この輸送業務は急増した。厚労省のホームページには、海外からの帰国者を安全に運ぶ基準を満たす会社としてスター交通の社名がトップに掲載されている。

「現在、同社の業務の98％はコロナ禍で創出された新規の関連業務が占めている」という碓氷社長。

「貸し切りバス業界はどこも既存の需要がほぼ消失。しかも、当社は事業規模が小さい上に後発会社です。風評被害があればひとたまりもありませんが、困っている人を放っておけないという想いからコロナ感染者搬送の仕事を引き受けました。あえてリスクを抱えた私を経営者失格と評価する人もいるでしょう」と苦笑する。事実、昨年の春は経営危機だったにも関わらず1人の感染者を搬送

するためにに大型バスを出すこともしばしばだった。当然、コスト的には全く見合わない。損をすることは分かっていながらも困っている人を見過ごせない。しかしその無欲の姿勢が後に大量の仕事を呼び込み、これまで膨らんだマイナスを上回る利益を出した。創業からのたゆまない研鑽と過酷な現場経験を活かし、スター交通にしかできない付加価値の高い仕事に注力した結果、利益率は大きく改善していった。碓氷社長は「多くの業界でコロナ禍によって勢力絵図の逆転現象が起こっている」と分析する。

「卑下するわけではありませんが、当社には私を含めて一流といわれるようなエキスパートはいません。しかし私たちがこうして事業を営むことができるのは、一流と言われる人たちにはできない仕事をしてきたからだと思います。我々凡人でも頑張ればそこそこやれる、コロナ禍の今はそういう流れが起きています。小規模の会社ほど自分たちならではの、他者には真似のできない強みを生かすべきです」と熱く語る。

「コロナ禍という大変な時代だからこそ、規模の大小に左右されない、真に存在感のある会社でありたいと思います」と噛みしめるように語る。

防災への貢献を目指してさらにバス・民間救急の可能性を追求する

スター交通ならではの価値と安心を提供できる未来へ

「今後はこれまでの経験を活かしてより防災に貢献できる体制を整えていきます」と語る碓氷社長。災害大国と呼ばれる日本で、バス・民間救急だからこそできることが数多くあると考える。

「当社の搬送チームは医療資器材だけでなく災害救助にも対応できるレスキュー用の器具も数多

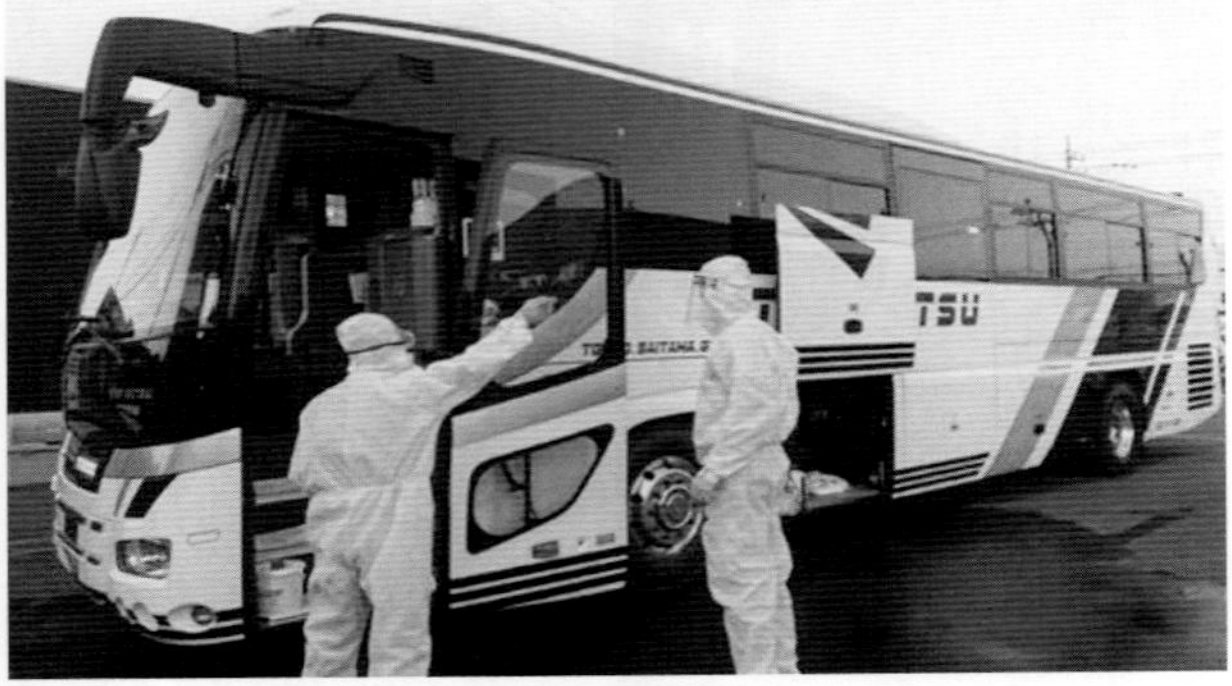

バス・民間救急であらゆる日本の防災に貢献する

く備えています。そしてバスは輸送に役立つだけでなく、アイドリングすれば冷暖房や照明などが整った環境を5日程度維持できるため、一時的な避難所としての機能を発揮します」

碓氷社長は医療輸送と福祉輸送の両面で防災に対応すべきだと強く訴える。けが人・病人の搬送にはスター交通のように医療輸送に長けた業者が、高齢者や障碍者の搬送は介護タクシーなど福祉輸送を手掛ける業者が手分けをすればより迅速で効果的な対応が可能になる。これらの会社を一覧にまとめて深夜でも繋がる連絡網を作り各自治体が策定防災マニュアルに織り込めば理想的だという。

「今後最も懸案なのが増加の一途を辿る在宅医療・在宅介護とよばれる自宅で寝たきりになって動けない人や、素早く移動することが難しい高齢者や身障者の避難対策です。自治体は安易に一般のバス会社と広域輸送だけを目的に提携していますが、そのバスに自分で乗り降りできない人こそ最優先で対策を講じなければなりません」と熱く語る。民間救急の業務を始めて10年が経過したが、「日々やりがいはますます強くなるばかりです」と瞳を輝かせる。「貸切バスにおいては大量輸送の時代はもう終わりました。当社の強みは医療搬送に代表される特殊搬送にあります。ぶれることなく信じる道を突き進んでいきます」

『困っている人を決して見捨てない』という信念の下、困難や障害を恐れることなく、碓氷社長は高い志を掲げて未来へ疾駆する。

President Profile

碓氷　浩敬（うすい・ひろたか）

平成4年、株式会社ローヤルツーリストに入社し国内外の団体旅行を中心に担当。

平成14年に株式会社ワールドツアーズを創業、平成23年に貸し切りバス事業と民間救急事業をスタート。

令和3年に福祉車両に特化した株式会社ウェルネットレンタ＆リース、および国際医療搬送を行う株式会社国際医療情報サービスを創業。

大型二種免許・介護資格・患者搬送適任証 etc を保有する。

Corporate Information

株式会社 スター交通

https：//www.s-koutsu.com/

所在地

〒370-0532　群馬県邑楽郡大泉町坂田 256-2
TEL　〈民間救急事業部〉0276-20-0109、〈バス事業部〉0276-20-1075
FAX　0276-20-0176

設　立

平成23年6月

資本金

1,500万円

従業員数

33人

事業内容

民間救急事業、貸切バス事業

企業理念

スター交通乗務基本5つのS
- セーフティー（安全第一）
- サービス（お客様の立場にたって旅のお手伝い）
- スマイル（心からの笑顔で対応）
- 清潔清掃（常時車内空間を清潔に保ちます）
- 整理整頓（リラックス出来る車内空間を提供します）

「社員第一」をモットーに高知から日本一を目指す建設コンサルタント

ガラス張り経営で成長を続ける建設産業の快男児

「情熱・謙虚・誠実」を胸に、全社員が得意分野を伸ばせる会社であり続けます

株式会社 第一コンサルタンツ

代表取締役社長　**右城　猛**

高知県と言えば幕末の快男児坂本龍馬、自由民権運動の思想家中江兆民、政治家の吉田茂、物理学者の寺田寅彦などそうそうたる人物を輩出し、開明的な土地柄として知られる。雄大な太平洋を望み、稀代の革命児を生んだ高知県には、独自の技術とアイデア、型破りな経営方針で成長を続けるユニークな会社がある。右城猛氏が代表取締役を務める株式会社第一コンサルタンツである。

道路や橋、トンネルなどの設計、測量、地盤調査などの総合建設コンサルタント会社で、国土交通省をはじめ地元の官公庁からインフラ整備に関わる仕事を受注し、その高い技術力に定評がある。技術畑から経営者となった右城社長は、既成概念にとらわれない経営戦略でコロナ禍にも関わらず順調に業績を伸ばしている。

「会社は社員のものです。社員の満足を第一に考え、クリーンなガラス張りの経営で、利益の1／3は社員に還元します」と噛みしめるように語る右城社長。小さな水路から大規模開発まで、幅広い業務を手掛け、地元高知そして日本の明日のため日々研鑽を重ねる郷土を愛する技術者集団だ。

第一コンサルタンツからヘッドハンティングを受ける

愛媛大で工学博士号取得など八面六臂の活躍ぶり

右城社長が建設業界に興味をもったきっかけは、昭和42年に本格化した早明浦ダムの建設だ。右城社長の出身地である高知県本山町と、隣接する土佐町との間に作られた早明浦ダムの大規模な建設現場を見て憧れを持った。高知工業高校土木科を卒業し、県下でも有名な建設会社、株式会社轟組に入社する。

その後、本山町役場建設課での臨時職員を経て、建設省（現・国土交通省）職員だった叔父の紹介で

本社玄関に飾られている
右城社長の著書や賞状の数々

四国建設コンサルタント株式会社に勤務した。

「私はマニュアルに書いてあることを鵜呑みにできず、なぜその数式が使われるのか理解しないと気が済まないタイプです。そうすると大学で学ぶ微分方程式などの知識が必要になります。そこで自己流で学ぶより大学できっちり勉強しようと考えました」

当時四国建設コンサルタントに高卒で入社した社員の多くは、徳島大学工業短期大学部（夜間）に通っていたため、右城社長も同様に途中から同大学部の土木工学科で学んだ。やがて28歳で担当した柳谷第二洞門の設計で、その実力が認められた。柳谷第二洞門は、落石や土砂崩壊を防止するため道路を門形の鉄筋コンクリート構造で覆った道路施設だ。この設計で生み出したアイデアが、後に右城社長が考案した「改良試行くさび法」や「もたれ式擁壁設計法」へと発展し、全国的に使用されるようになった。橋梁設計で実力技術者として知られるようになった右城社長は、第一コンサルタンツの社長からヘッドハンティングされ、昭和61年に取締役技術部長として迎え入れられた。

「当時の第一コンサルタンツはとにかく技術者が不足していました。そこで社員の技術レベルの向上を図る目的で、産官学の技術者が集う高知県技術交流会を設立しました。私自身も高度な技術をアピールするために専門書を出版するなどの取り組みを行いました」

右城社長の仕事への意欲と行動力はすさまじく、かねてより交流のあった愛媛大学の八木則夫教授の勧めで、平成9年に愛媛大学で工学の博士号を取得した。愛媛大学の規定では、博士の学位を授与する資格として、学士か修士の者に限られていた。その規定を変更してまで、短大卒の右城社長に博士の学位を授与したことが、大変な話題となり、その快挙に高知県内のメディアから取材が殺到した。右城社長は擁壁や落石などの専門書を20冊以上出版している。まさに八面六臂の活躍ぶりだ。

無借金経営、ガラス張りの経営など型破りな改革を断行

社長就任後14年間連続増収で売上げを3・3倍に

数々の実績を挙げた右城社長は平成19年、第一コンサルタンツの代表取締役社長に就任した。しかし小泉政権による三位一体改革などによる公共事業の削減で、業績はかなり悪化していた。公共事業費削減の影響は大きく、高知県を代表する建設会社が次々と倒産するなど状況は深刻で、右城社長は就任早々〝無借金経営を目指す〟という爆弾発言を行う。当時、取締役会長になっていた前社長は思わず、「右城さんは技術畑だから経営がわかっていない」ともらしたという。社長就任時に1億5千万円ほどの借り入れがあり、それをゼロにするには毎年1500万円ずつ返済しても10年かかる。決して簡単な話ではないと覚悟した上での無借金経営宣言だった。その実現に向け右城社長は就任翌年の平成20年に、まず1億円あった不良債権を一括で損金処理した。その期に出た1億円の赤字は、翌期の利益によって相殺されるまで法人税がかからない。このため平成21年度には無借金経営を達成できたのである。

さらに「ガラス張りのクリーンな経営を行う」、「利益は社員に還元する」という右城社長ならではの経営方針を打ちだした。当時経営状態をガラス張りにして社員にすべてを公開している会社は極めて少ない。しかし第一コンサルタンツでは、「利益は社員に還元する」ことを経営方針に掲げ、社員に対しては利益

の1／3は税金、1／3は賞与、1／3は内部留保や株主配当とすることを公表している。

また平成23年に起きた東日本大震災の現地調査後、より安全性の高い場所を求め平成27年に本社を現在地に新築移転した。これは「最悪、社員が自宅を失っても、社屋が残れば仕事は失わずに済む。希望を残すことができる」という考えによるものだ。新築移転に7億円を要したが、一銭も借り入れをすることなく無借金経営を貫いた。まさに〝型破り〟な経営方針を次々と成功させる右城社長は、自らのスタイルについてこう語る。

「私は技術でも教科書より自分の感性を優先させてきました。経営も全く同じで、税理士や保険会社の方から節税についていろいろアドバイスを受けますが、小手先の工夫ではなく自分なりに正攻法で挑んでいます」こうした施策が功を奏して、売上高は右肩上がりで、令和元年には社長就任時の3・3倍となる23億円を達成した。

勤続5年以上の全ての社員に自社株を無償で譲渡

大切な仲間である従業員とともに血の通った経営を徹底

右城社長の持論は、「社長の役割は社員にいかに気持ちよく働いてもらうかを考え、実行すること」だ。その言葉通り第一コンサルタンツが掲げる行動の優先順位は①社員の満足（健康）②顧客の満足（品質）③会社の満足（利益）となっている。

「顧客第一を挙げる会社は多いですが、会社の頂点は社員です。そう言うと驚かれますが、結果的に顧客のためになります。社員が満足すればいい仕事ができるのです。それが顧客の満足に繋がります」と右城社長は笑顔で語る。そんな右城社長が社員に求めるのは、社訓にもなっている「情熱・謙虚・誠実」である。「頭は少々悪くても構わないが、この三つのうちどれか一つでも欠ける人はうちの社員ではない」と言い切る。社員が安心して働ける環境づくりへの努力も欠かさない。働き方改革という名の下に、非正規雇用者を大量に雇い入れて人件費を安くあげる企業は山ほど存在するが、こうした動きに右城社長は異を唱える。「正規であれ非正規であれ、会社で同じように苦労をしながら働いている人はすべて仲間です。例えば非正規雇用の人は社員旅行や懇親会などでのけ者にされがちですが、私はそういうことが嫌いですね」

真に仲間意識を持ってもらうため、雇用時に契約社員だった場合でも3年以上勤務すれば正社員とし

55周年記念ヨーロッパ旅行（イタリア）

（フランス）

（ドイツ）

て採用している。実際、契約社員だけでなくアルバイトから正規雇用になった社員は何人もいる。また役職に関わらず全ての社員が自社株を購入できるのも同社の特徴だ。加えて平成30年の会社創立55周年には5年以上勤務した社員に金庫株の一部を無償で譲渡した。創立60周年にも無償譲渡する予定である。同社の株式の一部を大手企業が保有していた時期がある。それを自社の資金で買い戻したのが金庫株だ。利益が出るとその約1／3を内部留保しているので、会社の純資産が毎年増え、結果的に金庫株の価値も毎年上がることになる。右城社長いわく「会社は全社員のものなのに、自社株を保有している経営層だけが得をする仕組みはおかしい」。〝社員ファースト〟の姿勢を徹底している。

「会社は人間を成長させる場であるべきです。社員それぞれが持つ得意分野を活かして活躍してほしいので、そのための投資は惜しみません」と右城社長。ほとんどの企業ホームページは多くても経営層までしか掲載されていないが、第一コンサルタンツでは全社員142名が顔写真入りで紹介されている。ここに右城社長が社員にかける期待の大きさと信頼の厚さを伺わせる。

積極的な社会貢献活動で地域の人々から愛される

ミャンマーのアマラワディ僧院に高等学校を寄贈

ミッションの1つに「高知のコミュニティを守る」を挙げる第一コンサルタンツは、地域貢献にも熱心だ。なかでも本社のある介良野地域との関係は深く、自治会と災害時避難所協定を結び夏祭り・秋祭りにも積極的に参加している。特に地域住民に喜ばれているのが「田役（たやく）」と呼ばれる農業水路の清掃だ。農家の高齢化が進み、体力を使う掃除は難しい。そこで、毎年3月の第一日曜日に同社の社員20人ほどがボランティアで汗を流す。

「地域の皆さんから『ありがとう』と感謝していただき、社員も嬉しそうにしています。私に言わせればこんな機会を与えてもらって、お礼を言うのはこちらの方です」

このほか、新型コロナウイルス感染防止のため不織布マスク2万枚を高知市へ寄贈し、県が主催する「新型コロナウイルス感染症対策助け合い寄付金」に500万円を寄付するなど、意欲的に取り組んでいる。近年は高知県から世界へ目を向け、令和元年には株式会社高知丸高と共同でミャンマーのアマラワディ僧院に高等学校を寄贈した。さらに「日本ミャンマー交流協会」との連携を通して現地の人の採用も行っている。

「コンサルタント会社は人材が命です。今後は海外の優秀な人を採用し、人材育成に力を入れていきます。将来、寄贈した高校で学んだ卒業生や、現地の理工系大学で学んだ優秀な学生たちが入社してくれたら」と右城社長は瞳を輝かせる。会社の業容拡大は多くの経営者の願いだが、右城社長はそこにも地域への想いがある。「若い人が高知に残ってくれるように、県内で働く場を作っていきたい」と熱く語る。

社員の処遇面を含めあらゆる面で日本一のコンサルタントを目指す

怒涛の転換期の今、大企業に勝てる時代がやってきた

技術者としても経営者としても強い存在感を放ち、数々の実績を挙げてきた右城社長が次に目指すのは、第一コンサルタンツを売上や技術力の高さは当然ながら、社員の給与や福利厚生も含め日

2021 年度の入社式

本一にすることだ。

「地方コンサルが首都圏や大手のコンサルに勝てるわけがない」という周囲の声に対し、右城社長は〝それでも勝てる理由〟を3つ挙げる。

まず測量・設計業務における技術者単価は全国一律というルールがあり、かつ同じ内容の設計業務なら東京でも高知でも発注金額は同じであること。次に都会に比べ地方は地価が安く、会社の経費が少なくて済むこと。最後に、地方公共団体は税収や雇用拡大・災害復旧などの面から地元企業への発注を優先させることだ。

地方のコンサルは必要経費が少なくて済み、受注機会に恵まれている上、受注単価は都会と同じということになる。これらの点から社員1人あたりの利益は都会より多く出せるはずだという。

「人間というのは目線をどこにやるかが重要です。自分より上の人を見るとまだまだ自分は至らないと思い頑張れるものです。従って目線は常に高く、日本一の会社を目指せと常々社員には話しています。テレワークの浸透に見られるようにICT（情報通信技術）ツールの発展で、中小企業でも大企業に勝てる時代がやってきました。そんなことを考えるとワクワクします」

満面の笑みを浮かべて語る右城社長に、高知県が輩出した偉人たちの姿が重なる。開明の地、高知で生まれた右城社長率いる第一コンサルタンツの躍進は留まる所を知らない。

President Profile

右城　猛（うしろ・たけし）

昭和 25 年高知県生まれ。昭和 45 年高知県立高知工業高等学校土木科卒。
同年株式会社轟組に入社。本山町役場建設課臨時職員を経て四国建設コンサルタント株式会社入社。
昭和 52 年国立徳島大学工業短期大学部土木工学科卒。同 61 年株式会社第一コンサルタンツに取締役技術部長として入社。平成 9 年愛媛大学にて博士（工学）の学位を取得。同 19 年第一コンサルタンツ代表取締役社長に就任、現在に至る。
本業以外に、愛媛大学特定教授、岐阜大学・高知大学客員教授として技術者教育にも関わっている。

Corporate Information

株式会社 第一コンサルタンツ

https://www.daiichi-consul.com/

第一コンサルタンツ
DAI-ICHI Consultants Co. Ltd.

所在地

〒 781-5105　高知県高知市介良甲 828 番地 1
TEL　088-821-7770　FAX　088-821-7771

設　立

昭和 38 年

資本金

4500 万円

従業員数

142 人（令和 2 年 4 月現在）

事業内容

建設コンサルタント、補償コンサルタント、測量・調査、地籍調査、地質調査、維持・修繕、建築・監理、技術開発

経営理念

1. 社訓　「情熱・謙虚・誠実」
2. ミッション「高知を守る」
　①高知のインフラを守る　②高知を地震・災害から守る　③高知のコミュニティを守る
3. ビジョン「三方良し」
　社員よし・地域よし・顧客よし
4. 経営方針「会社は社員のもの」

水道、電気、ガスのインフラ工事、リフォーム事業で地域に貢献

福井県の幸福度全国一位を支える躍進企業

.itech
ラオライテック株式会社
地域の困り事に対し、自社の強みを最大限に活かしながら解決策を提案し、新たな付加価値を創造していくビジネスモデルを展開していきます

テラオライテック株式会社

代表取締役会長　**寺尾　忍**

仕事や教育、生活面などが恵まれていることから、都道府県別の幸福度ランキングで近年1位を獲得し続けている福井県。自然豊かな環境や豊富な海の幸、山の幸に恵まれた美味しい料理の数々は、地元住民だけではなく、多くの観光客も魅了する。

そんな魅力溢れる福井県で、一際存在感を放ち、近年雇用や売上げを伸ばす躍進企業がある。それが、地域のインフラ、生活支援事業を手掛けるテラオライテック株式会社だ。

『共に勝つ』をモットーに、多種多様な業種の方々を巻き込みながら新たな事業を生み出し、会社の持続的な発展・成長に繋げていきたい」こう話すのは代表取締役会長の寺尾忍氏。

「お客様をはじめ取引先や当社スタッフなど、テラオライテックと関わる全ての人の物心両面の幸福を、事業を通して追求していきたい」と話すのは代表取締役社長の寺尾剛氏。

兄である忍会長と弟である剛社長が両輪となって順調な歩みを見せるテラオライテック。両人にこれまでの歩みや今後の展望などを語ってもらった。

水道の設備工事会社として祖父が昭和41年に創業

持続的な成長を目指し衣・食・住に関わる多彩な事業を展開

テラオライテック（当時寺尾水道商会）の創業は昭和41年。主に水道の設備工事をメインに行う会社として、忍会長と剛社長の祖父である寺尾勝馬氏が興した。

「その後、時代のニーズに応えて電気工事業も手掛けるようになり、社名も現在のテラオライテックに変更しました」（剛社長）※ライテックとはライフテクノロジーの略語である。

昭和62年からは2人の父親である寺尾博幸氏が代表を務め、平成21年に忍会長が父からバトンを受けて代表取締役社長に就任した。社長就任後間もなく忍会長はライフスタイル事業部を新たに発足させ、リフォーム事業を皮切りに、介護やアパレル、飲食、教育事業と多角的に事業を展開していった。こうした事業多角化の背景を、忍会長は次のように説明する。

「既存の水道・電気設備工事は公共工事がほとんどで、またゼネコンの下請けが多く、いわゆるＢｔｏＧ、ＢｔｏＢの仕事が中心でした。市場が年々縮小していく中で、今の業種業態のみでは会社の成長は見込めず従業員の雇用を守りきれない、いつか行き詰ってしまう。そこで、一般のお客様を対象にしたリフォーム事業を立上げ、ＢｔｏＣに参入していきました」

さらにその後の多角化に関しては「リフォームの仕事を通して良好な関係を築かせて頂いたお客様に対して、もっと多面的なサービスを提供していければと、衣・食・住に関わる多彩な事業を始めることになったのです」と話す。

令和元年にはこうした事業多角化の流れを受け、それまで常務取締役だった寺尾剛氏が代表取締役社長となり、テラオライテックのメイン事業である設備工事・電気工事部門を統括。そして寺尾忍氏が代表取締役会長となって主として県外・海外等新市場の開拓、新規事業の創出、ホールディングス体制の構築を担当することに。兄弟の両輪で走り出したテラオライテックは今年で3期目を迎える。

依頼が寄せられる件数は年間約2000件

「まずは福井県で業界ナンバーワン企業に」

テラオライテック株式会社

兄弟が明確な役割をもち、成長曲線を描きながら経営を続けるテラオライテック株式会社。業容の拡大と共にスタッフも増え、現在43人（グループ153名）が在籍している。

今現在同社の事業の柱は大きく3つ。剛社長が統括する設備工事部、電気工事部、そして忍会長が統括するリフォーム事業だ。

設備工事に関しては、冷暖房などの空調設備、上下水道などの衛生設備工事。加えてこれら全てのメンテナンスを担う。これまで福井県恐竜博物館や市庁舎、消防署、体育館など福井県内の公共施設を中心に設備工事を手掛けてきた。

設備工事部、電気工事部を統括する
寺尾剛代表取締役社長

電気工事においては、受変電や照明設備、太陽光発電、TV・電話・通信設備を手掛け、学校や民間の商業施設、工場など様々な施設に設備導入を行ってきた。そしてリフォーム分野は、これまでテラオライテックが培ってきたノウハウを活かしながら、キッチン・バス・トイレ、外壁など、クライアントの要望に応じて住環境のあらゆる部分に対応する。

「平成23年から始めたリフォームサービスは好評を頂き、管・電気工事も含め今では年間2000件程の依頼を頂いています」（剛社長）

「従来からある公共工事やゼネコンからの仕事は変わらず大切にしていきながら、今後は一般のお客様向けの仕事に力を入れていきたいと考えています。また情報通信の世界も5G、6Gとどんどん進化していますが、こうした技術革新にもしっかり対応し、お客様に提供していきたい」(剛社長)

将来展望を話す剛社長はさらに「当面は福井県で業界ナンバーワンといえる地位に会社を押し上げることが目標」とも。

「そのために仕事のクオリティはもちろん、常にお客様の目線にたって仕事を進めていけるよう、スタッフ一同で接遇面も徹底していかなければなりません」

こう力を込めて話す剛社長は、社長という立場になった今でも、自らクライアントのもとや現場に出向くなどし、常に先頭に立って社員を引っ張っている。

市場開拓や新ビジネスの構築に獅子奮迅する寺尾忍会長

テラオライテックの発展と福井県の経済安定両立のために東京へ進出

代表取締役社長として会社の事業を力強く牽引する剛氏。一方で代表取締役会長となった忍氏の現在の活動はどのようなものとなっているのか。

「今の私の仕事は新市場の開拓や社会性の高い新事業の創造、グループ各事業のシナジーを創出するためのホールディングス体制の構築です」

新たな市場の開拓として、忍会長が現在取り組んでいるのが県外への進出だ。「どうしても福井県だけの市場では成長に限界があります。また当社が手掛ける水道・電気などのインフラ事業は、地域に不可欠なものですが市場は年々縮小していくのは明らかで、同業他社との過渡競争で互いに

テラオライテック株式会社

福井県越前市にあるテラオライテック本社

疲弊していくのは地域にとっても得策ではなく、災害時等に地域インフラを護る同士を減らすことにもなってしまいます。テラオライテックの発展と福井県の経済安定を両立できる唯一の方法が新市場の開拓で、収益の柱と地域を分散させることはBCPの観点からも弊社の持続的発展を描く上で必要な戦略でした」

こうして忍会長は2020年に東京の電気工事会社を一社買収。そこを拠点に東京エリアをターゲットとして新築マンションの電気工事を手掛ける事業に乗り出した。「いずれは大阪や名古屋など他の主要都市にも進出できればと考えています」

忍会長が力を入れて取り組むもう一つの活動である社会性の高い新事業の創造。これに関しては「キーワードは『ビジネスで社会課題を解決する』。地域が抱える課題を見つけ、その解決をビジネスに繋げていくというものです」と説明する。

「今取り組んでいる1つの事例として、福井県越前市特有の困り事である人口の約6％にもなる在日外国人の住居不足問題、教育問題、生活言語の支援までのトータルサポートです。住居整備においては当社がディベロッパーとなり、共同住宅の整備等を計画します。通常設備工事は建設会社の下請けというポジションですが、当社が開発者となって風上に立つことで仕事を優位に進めることができるようになります。もちろん日頃お世話になっているゼネコンを下請けにするという発想ではなく、互いにＷＩＮ－ＷＩＮとなれる気持ち良い関係で仕事を進めていきたいです。このような考え方で地域の困り事に対し、自社の強みを最大限に活かしながら解決策を提案し、新たな付加価値を創造していくビジネスモデルを多数展開し、グループの発展と地域経済の発展を両立させていきたい」と忍会長。

「ＳＤＧｓ」の一環としてカンボジアの自立支援活動に奮闘

「ＳＤＧｓ」活動を通して新たなビジネスチャンスを

忍会長が取り組む社会性の高い事業創造は国内に留まらない。一環として行っているのがＳＤＧｓ推進だ。ＳＤＧｓはより良い世界を目指して国連が掲げた持続可能な開発目標で、全17の目標がある。

「きっかけはＪＣ（青年会議所）の活動の一環でカンボジアを訪れたことでした。現地では安全な飲み水を確保できない地域があったり、国内産業が乏しく貧困に苦しむ人たちが大勢いて、当社で何か役に立てることはないかと、本気で支援を考えるようになりました」

そして忍会長は２０１９年にカンボジアに現地法人をつくり、「カンボジア人によるカンボジアの国づくりを実現」をミッションとして支援を開始した。

「私たちがやろうとしているのは、ただキレイな飲み水を寄付するといった一時的な支援ではなく持続可能な自立支援です。貧しいと声を上げれば先進国やＮＧＯなど飲み水が届くことを知っている、要は支援馴れしてしまった彼らの一番の問題は水の問題以上に自立心を無くしてしまっていること。だからプロジェクトは「NATIONAL PRIDE PROJECT」と銘打ち、水の問題と経済成長の両立を果たし、彼ら自身の手によって豊かな国づくりを実現して欲しいと願いを込めました」

「現在はカンボジアのプレアビフィア州という地域にて食用淡水魚の養殖事業を立ち上げ、その収益全てを政府に寄付、政府はその寄付金を財源とし公共工事という形でインフラ整備工事を弊社現地法人に発注するといったスキームを作りました」。主役は弊社ではなく彼ら自身。これらの一連の流れを全てカンボジア現地の人々にやって頂き、弊社は仕組みづくりと初期投資支援、技術支援に徹しています」。すでにカンボジアの他、ブータンやウズベキスタンといった国でも同様のプロジェクトを進めているという。

忍会長は「海外インフラ整備支援のプロジェクトは〝世界中の怪魚を釣り上げる〟という私の生涯かけたライフワークを実現する一助にも実はなっているのです」と付け加える。

成長・発展の大きなカギを握る社員の存在

「社員がやりがいを感じられる職場環境をしっかり整える」

地元にしっかりと根を張り、本業の成長に力を尽くす剛社長。そしてテラオライテックの長期ビジョンを見据え、新たな価値やビジネスを生み出そうと海外や日本各地を飛び回る忍会長。対照的な2人の活動だが、共通しているのはもちろん会社の永続的な発展、成長だ。

「テラオライテックとして今後も多彩な事業を展開していく中で、最も重要となるのは社員の存

カンボジアで行われた稚魚放流式

在です。今も介護やアパレル、飲食、教育事業など、多角化して手掛けている事業は社員が主体性を持って引っ張ってくれています。働く社員一人ひとりの物心両面の幸福追求はテラオライテックの最重要な理念ですので、私が海外インフラ整備とライフワークを融合しているように、社員一人ひとりの夢と向き合い、グループ社業の持続的発展と自己実現の達成を両立できる環境創りをしっかりと実現していかなければなりません」

　こう話す忍会長は、「いずれは日本で社会性の高い企業ナンバーワンといわれる会社になる」という壮大な目標をもつ。

「ホールディング体制をより強固なものとし、グループ事業間のシナジーを生み出すことで、社会から求められるありとあらゆるモノやサービスを提供できる体制にしていきたい。社員が望むならば全員を社長にしたい。そのステージを作るのが経営者である私の役目であり、どんどん新たな機会を提供していきたいです。常に現状に満足することなく、グループ内で皆が切磋琢磨しながら社会に貢献していく。そんな集団を目指しています」と語る忍会長。

　福井の地から全国、そして世界へ。忍会長と剛社長の二人三脚で牽引するテラオライテックの挑戦は続く。

President Profile

寺尾　忍（てらお・しのぶ）

昭和52年生まれ。福井県出身。

平成12年福井工業大学建設工学科卒業後、北陸設備工業 入社。

同15年寺尾水道入社。同16年社名を「テラオライテック株式会社」に変更。

平成21年代表締役社長に就任。

令和元年に社長を弟の寺尾剛氏に譲り、代表取締役会長に就任。

日本JC2017年度専務理事、日本JCシニア・クラブ 常務世話人、日本カーボンニュートラル協会理事長、特定非営利法人未来対話青年協議会FDJC理事、特定非営利法人JOYLET理事

Corporate Information

テラオライテック株式会社

https：//www.teraolitech.jp/

所在地

〒915-0806　福井県越前市本保町8-5-1
TEL　0778-22-5215　FAX　0778-22-4100

設　立

昭和41年3月

資本金

3000万円

従業員数

43人

事業内容

給排水衛生設備工事、空調換気設備工事、電気設備工事、上・下水道布設工事、ガス本支管工事、太陽光発電システム 販売・施工、給湯設備工事、さく井・消雪設備工事、浄化槽設備工事、消火設備工事、各種設備メンテナンス業務、その他設備全般設計・施工、リフォーム工事全般

企業理念

人間尊重、創意工夫、高品質創りを基本とし、社業の持続的発展を図ることで地域社会に貢献し、弊社の業務に関わる全ての人たちの物心両面の幸福を追求します。

モノの先にある『健康意識』を大切に

ヒット商品の仕掛け人

日本オリバック株式会社

代表取締役社長　**金原　巧治**

少子高齢化の進展による国民の医療費負担増や情報リテラシーの高まり、そして昨年来のコロナ禍により、人々の健康に対する意識はかつてないほどの高まりを見せている。オーガニックな食事や様々な健康食品、アンチエイジングのサプリメント、フィットネスジムでの運動など、健康に繋がる手段が膨大にある中で、皆がそれぞれの信じる対策を実践している。こうした健康トレンドやコロナ禍におけるテレワーク需要の高まりの中で、在宅関連の健康雑貨が昨今にわかに注目を集めている。腰の負担を軽減し、正しい姿勢に導く骨盤サポートチェア『オリバックチェア』もその1つだ。平成30年の発売以来2年で累計出荷台数10万台を超え、今では日本だけではなく、世界10カ国以上で販売される人気商品となっている。

「まず初めに、この商品は姿勢を正すためのものですが、これがあれば万能ということではなく、あくまで補助ツールであるということを知って頂きたい。そして我々も単に商品を売って終わりではなく、購入された方ご自身の『姿勢を正して健康を手に入れるんだ』という意識が芽生え、実際に行動が伴って初めて商品の販売が完結するものと考えています」

こう力を込めて話すのは、ヒット商品の仕掛け人である日本オリバック株式会社代表取締役社長の金原巧治氏。これまで数々の企画商品を世に送り出し、ヒットを飛ばしてきた企画メーカーである。

「世の中にないものを自由に生み出していきたい」と独立

不確定要素ありきで商品開発することが成功への近道

日本オリバックは平成22年に設立したが、もともとは日用雑貨や衛生商品などの企画・製造販売

提携工場との調印式

を行う会社だった。創業者の金原社長は会社設立の動機を次のように説明する。

「設立までのおよそ10年、私は大手流通企業や財閥系商社やコンサルティングファームの経営企画本部に勤めていました。当時は経営幹部と共に組織運営にかかわる仕事をしていましたが、大きな組織の中では何か新しいことをやろうとするとどうしても全体最適が求められ、また制約も多く、思うように案件を進められないもどかしさを感じていました。社会が求めているが、未だ世の中にないものを、もっと自由にスピーディーに生み出していきたい。こうした想いが募って創業に至りました」

設立後、金原社長はオリジナルのアイデア商品をいくつも生み出し、ヒットに繋げていった。

「当社はファブレスメーカーなので、商品の開発においては製造工場との連携が欠かせません。また同時に販路も確保する必要があります。商品によって最適な販路は異なりますし、また有力な販路があるからこそ企画開発しやすい案件などもあるわけです。そういう意味で、案件ごとに製造から販売まで全体の流れを見据えたオーガナイザーとしての役割を求められているのではないかと思います」

どんなによい商品でも販路がなければ物は売れないし、販路があっても良いものでなければプロジェクトは失敗する。企画や案件に対し、作り手、売り手双方の思惑が合致するからこそプロジェクトが進んでいくというわけだ。

「プロジェクトは戦略通り進むこともあれば、そうでない場合もあります。もちろん運や偶然といった要素も多くあり、想定外の事態もよくあります。こうした不確定要素ありきで商品開発を進めることは事を為す上で避けて通れない道だと思います。安易なところ、無難なところには競合も多いし参入障壁も低い。当然ハードルが高いということはそこを乗り越えた時に自分たちを守る大きな障壁を築けるわけです。大事なのは失敗しないことではなく、進めていく中でどこかブレイクするポイント、大きなウェーブ・波を見逃さないことだと思います」

これまでいくつもの関係会社との出会いを重ねてきた金原社長は、開発や販売に関わる人脈を広く構築してきた。「今ではこうして培ってきた人脈が当社の大きなリソースになっています」

そんな金原社長に、創業後の歩みの中で大きなターニングポイントが訪れる。それが健康分野に特化した商品の開発だ。

「健康サービスそのものの商品化」という発想からリリースしたオリバックチェア
平成30年の発売以来ヒットを飛ばして会社の看板商品に

「きっかけは弊社が東銀座で鍼灸治療院の運営をはじめたことでした。治療を通して人々の健康に寄与できる事業はお客様に喜ばれ、やりがいのあるものでした」と手応えを感じていた金原社長だが、一方で「地域の一鍼灸治療院ではサービスを届けられる範囲が非常に限定的で、多くの方々に当社ならではのサービスを届けられないもどかしさを感じていました」とも。

健康に寄与できるサービスを全国に広く届けるにはどうすればいいか。金原社長が試行錯誤を繰り返して出した答えが「健康サービスそのものの商品化」だった。

「当社が得意としてきた商品の企画・製造・販売と、医療機関や治療院・クリニックなどで提供されているサービスを融合させ、健康に寄与できる商品を世に送り出そうと考えました」

こうして金原社長は、現役の施術者など各分野のプロフェッショナルの知見やノウハウを吸収しながら検証を繰り返し、平成30年に集大成ともいえる商品をリリースすることになった。それが現在の社名の一部ともなっている「オリバックチェア」だ。

「当時、健康器具や健康食品などの関連市場が急拡大を続けており、手応えは十分にありました」

販売開始後、展示会を通しての情報発信や口コミ・紹介、さらにテレビや雑誌など様々なメディアに取り上げられるなどし、金原社長の想定通り、大手企業の販路を続々と構築し、売り上げは右肩上がりに伸びてゆき、今では日本オリバックの看板商品となるまでに成長した。

「新型コロナウイルスの感染拡大を機に、ネット販売に力を入れるようになりましたが、売れ行きはずっと好調です。独立をして自分で事業を興さなければこのような機会は絶対に得られなかった。そういう意味では独立をしてよかったなと思いますね」。社会が本当に求めているモノ＝本質をとことん追求し、それを迅速に商品化させる金原社長。大企業には真似のできない中小企業ならではの小回りの利くスピーディーな事業運営が生み出した成功例だといえる。

歪みのもととなる骨盤位置のずれを矯正するオリバックチェア

サイズやメンテナンスなどあらゆる部分で使い勝手を追求

発売開始後すぐにヒット商品となった「オリバックチェア」。金原社長に事業背景を詳しく伺った。

「鍼灸治療院を運営していた当時、歩行が困難な患者さんを多く目の当たりにしてきました。このように体に不具合をきたしてしまう多くの原因は、体力の低下や体の歪みなどが原因です。人間は普段、立っているか寝ているか座っているかの3つを繰り返して生活しますが、特に座っている状態の姿勢の歪みが身体のバランスに大きな影響を及ぼします。そして体がひとたび歪むと、それを正そうと体の色んな所に負担がかかり、それが腰痛、肩痛、首痛など様々な症状となって現れる場合も多いのです」

展示会では商品のPRよりも健康の大事さを説くことの方が多いという

この点に着目した金原社長は、歪みのもととなる骨盤位置のずれや身体の歪みを自分で正すことにより機能改善や矯正できる商品の開発ニーズを感じ、苦心の末にオリバックチェアをリリースした。椅子やソファ、床の上などどんな場所でも使えるオリバックチェアは、元々コンパクトな上に折りたたみも可能なことから、持ち運びや収納が楽で、自宅やオフィスなどで手軽に利用することができる。またクッションはプラスチック部分から取り外せるため水洗いが可能に。あらゆる部分で使い勝手を追求している。

「体のバランスの不具合は長年の生活習慣の蓄積からくるものです。長い間かけて歪んだものは時間をかけて正していくしかないのです。これを改善するには正しい姿勢を継続的に続けていかなければなりません。自分で歪ませてしまったものは自分で正していく。それが自律＝セルフメンテナンスということです。そういう意味でもずっと長く、そしてどこでも使っていけるような仕様が大事なのです」

さらに金原社長は「オリバックチェアは身体を委ねて楽をするためのものではなく、一過性のものでもない。そういった安易な答えではなく本来あるべき身体の軸やバランスを本来あるべき状態に正し、元の状態を取り戻すためのヒント。使い続けなければ意味がありませんし、自分で自分の体のメカニズムを知り、正しい姿勢に戻していくといったセルフコントロールの意識をもって実践することがとても大事なポイントです」と力を込める。

商品購入とともに、健康への意識をもつことが大切

「自身の健康を願ってオリバックチェアを使って頂きたい」

「オリバックチェアは体を正しいバランスに戻すためのきっかけでしかありません。商品に背もたれをつけていないのは、背もたれに頼ると自分で体を正そうという働きがおきないからです」

金原社長は「この商品はユーザーを甘やかさない」という。「まず正しい姿勢で座ると体の軸は正座のように直角になります。この状態でいると上半身の体重を真っ直ぐおしりに逃がすことがで

き、体への負担を最小限に抑えられます。ただ何も考えずにオリバックチェアに座っているだけでは正しい座り姿勢は得られません。しっかりと自分で体のメカニズムを理解し、身体の状態を意識しながら座って初めて正しい姿勢が得られるのです。正しい姿勢の習慣化をゴールとすると、そこに辿り着くためにはオリバックチェアの使用はサポートやきっかけでしかありません。最終的には自分の意識付けと行動です。そこで初めて正しい姿勢が得られ、オリバックチェアの魅力や価値があらわれるというわけです。逆にいうと意識がなければ魅力のない商品となってしまうといっても過言ではありません」

こうしたことから、金原社長はオリバックチェアの販売に際しては、健康への意識付けという部分の情報発信をとりわけ重視する。展示会などのイベント時には、商品のPRではなく健康の大事さや健康意識の大切さを説くことに終始することも珍しくない。

「私たちメーカーやバイヤーは人々の健康を願ってこの商品を世に送り出しました。お客様にも自分の健康を願ってこの商品を購入し、使って頂きたいのです」

販売開始以来多くのユーザーに愛されてきたオリバックチェア。ユーザーからは『腰にあたる部分が心地よく気持ちいい。腹筋を意識できる』、『座った際に必要以上のサポートがなく、自然に骨盤がニュートラルの位置に持っていく感覚ができた』、『座った時の姿勢の維持が楽』など、多くの満足の声が寄せられている。

既存品の後追いではなく全く新しい商品開発にこだわる

「先入観や固定観念をなくすことが新たな価値や発想を生み出す秘訣」

健康にかかわるセミナー活動も行っている

設立後10年を経た日本オリバックは、オリバックチェアをはじめ多くのヒット商品を生み出し、順調な経営を続けてきた。金原社長は「商品開発を行う上で既存品の後追いは絶対したくない」と話す。

「本質を求め、先入観や固定観念を取っ払い、常に柔軟な姿勢でいることが新しい価値や発想を生み出す秘訣だと思います」

こうした考えに立って金原社長は、時代の流れや社会的ニーズに想いを巡らせ新商品のアイデアを練っていく。

「『こんなものがあったら良いのに』とユーザーが思うポイントを見出し、それを愚直にカタチにしていく。これって前例も正解もないんです。私はこの正解のない中においてベストと思われる自分なりの回答を出していく作業に凄く魅力とやりがいを感じます。それが世の中に受け入れられた時が一番うれしいですね。私が事業を興したのも、こういったゼロベースで何かを自ら問い、そこから何かを生み出す仕事がしたかったからなんです」

現在はオリバックチェアの販売とともに「本来鍼灸院などで受けられるサービスを商品化した」という新たな新商品の展開にも力を注いでいる。

今後に向けての新たな商品開発など、常に頭をフル回転させて自分軸で時代の最先端をひた走る金原社長。メディアで取り上げられ、社会現象となっているような独創的な商品。それももしかしたら金原社長の仕掛けによるものかもしれない。

P r e s i d e n t　P r o f i l e

金原　巧治（きんばら・こうじ）

昭和 52 年生まれ。横浜市出身。慶應義塾大学卒業。

在職中は大手流通本部、財閥系商社、証券会社、外資系コンサルファーム等、経営企画部門に従事。

平成 12 年に独立。株式会社 LOTUS JAPAN（現：日本オリバック）及び株式会社美と健康社を設立。

スポーツ・健康雑貨、ヘルスケア・リハビリ器具の製造卸、高齢者向け医療サービスを行っている。

商品や人的ネットワークそのものを経営の主軸とし、本質思考で「人物主義」と「商品主義」に基づく垂直経営を実施。

これまで多くのヒット商品を手掛け、テレビ・新聞・雑誌などメディア出演実績多数。

C o r p o r a t e　I n f o r m a t i o n

日本オリバック株式会社

https：//oribackjapan.com/

Ori-Back®

所在地

〒135-0063　東京都江東区有明 3-7-11　有明パークビル 20 階
TEL・FAX　03-6228-2713

設　立

2010 年 6 月

資本金

700 万円

従業員数

3 人（グループ 16 名）

事業内容

リハビリ・ヘルスケア製品の企画開発・総販売元事業

通販で圧倒的強さを誇る
「花ビジネス」のパイオニア

世界中を感動で溢れるお手伝いをする
オンリーワン企業

会社と
スタッフのために、
一番重い荷物を背負う
社長でありたい

株式会社 花のギフト社

代表取締役社長　**益子　博美**

日本人は古くから四季を彩る植物に心を寄せ、行事や祭礼など日々の暮らしに取り入れてきた。例えば日本最古の歌集『万葉集』に収録されている四五一六首のうち、3分の1以上が植物を題材に詠んでいることからも、花が日本人の暮らしの中で、最も身近で愛すべきものだったことが分かる。また花見といえば誰もが桜を思い浮かべ、その開花を待ちわびてきた。日本人は世界で最も花の好きな国民と言われる所以だ。花を愛でたい人々はたくさんいるものの、花を扱う花木の業界全体では売り上げが下降傾向にある。こうした中でも年々売り上げを伸ばしているのがネット通販だ。

益子博美氏が社長を務める株式会社花のギフト社も、Ａｍａｚｏｎのフラワーギフトで1位を記録するなどネット通販で圧倒的なアドバンテージをもつ。女性ならではの視点で花のギフト社を率い、「世界中が感動で溢れるためのお手伝いをする」を使命感に、「世の中に必要とされていない人は一人もいない」との想いを胸に人材の育成・登用に力を注ぐ益子社長へのスタッフの信頼は厚い。

フラワーデザイナーからフラワービジネスの世界へ

1年足らずで赤字店を黒字転換した手腕を買われて通販部門へ

母子家庭で育ち大学進学を諦めて将来を模索していた益子社長は、花屋でのアルバイトをきっかけにフラワーデザイナーを目指した。フラワーデザイナー養成専門学校に入学後、才能はすぐに開花し、21歳でアメリカやカナダのフラワーショップで働きながら、日本にはないセンスを吸収していった。帰国後、世界で活躍するフラワーデザイナーになる夢を抱き、平成13年に世界中のフラワーデザイナーが憧れるＡＩＦＤ（米国花協会）の資格を取得。続けて銀座に自分のアトリエを構える

TI センターにてスタッフと

準備を始める。当時はフラワーアーティストの假屋崎省吾氏がメディアで華やかに活躍していた。そんな活躍は、益子社長にとってあこがれでもあった。

アトリエ開設の準備に奔走する中、益子社長は野上耕作氏（現会長）と出会う。当時花のギフト社社長だった野上氏は花の通販事業を拡大していた。その斬新な通販事業に感動した益子社長は、「こんな世界があるのか」と度肝を抜かれたという。

その後、益子社長は銀座に念願のフラワースクール兼ショップ「ａｔｅｌｉｅｒ Ｍａｓｕｂｏ」を立ち上げた。ある日、野上氏がフラリと店を訪れて。洗練された花のセンス、店内の雰囲気などを褒めながら野上氏は、「この店の損益分岐点は？　将来の夢は何？」と矢継ぎ早に質問を浴びせたという。益子社長は、「メディアで活躍するフラワーデザイナーになりたい」というと、野上氏は笑いながら、「小さい夢だな、僕ならそんなデザイナーを何人も抱える会社を作るけどね」と返した。野上氏の言葉に益子社長は、「花の世界で認められ、憧れの銀座に店を出したとうぬぼれて高くなっていた鼻をポッキリ折られました」と振り返る。

その後、野上氏から「小田原で経営する生花店を畳み、通販一本に絞る」という話を聞いた益子社長は、とっさに「そのお店を私にやらせてください！」と申し出た。

こうして平成15年に花のギフト社に入社した益子社長は、赤字だった生花店を1年で黒字にすると野上氏に宣言した。鞄1つで家具・家電付きの格安マンションに移り住み、生花店の商品や内装などを一新して、1年を待たずして黒字経営を達成した。野上氏に経営手腕を認められた益子社長は、『生花店はスタッフに任せて通販事業部で仕事をしないか？　絶対に面白いよ』と誘われ、通販部門に異動する。

ターゲットを法人客からネットの個人客へ大胆にチェンジ

法人需要が激減する中、コロナ禍に関わらず過去最高の売上高

花のプロとはいえ通販部門では素人の益子社長を野上氏は厳しく指導した。「泣きながら野上氏に向かっていきましたが、自分のふがいなさが悔しかった。賞与を『今期の私はいただけません！』と返したことも…。」と笑う益子社長。さらに益子社長が異動した後、実務を担っていた専務とベテラン社員が退職した。このため想定外だった経理の仕事まで担当せざるを得なかった。窮余の策として「マンガで読む経理の本」なども読んで対応したという。かき入れ時ともいえる母の日に備えて1000坪ほどの倉庫を約2カ月借りるのだが、その時期は同業他社との競争が激しくなかなか

大切な日に美しい薔薇の花を添えて…

倉庫を押さえるのが難しい。パート求人は倉庫が決まらないとできず、毎年違うパート従業員のためノウハウが継承できず、業務の効率化も進まないという大きな問題があった。

がむしゃらに頑張って11年が経過した平成27年に代表取締役社長に就任した。

栃木県小山市に社屋と倉庫を構えてからは根本的な問題も解決することができた。新たに、お中元・お歳暮など年間を通したフラワーギフトの展開を始めた。さらに多額の取引を行う法人販売から、ネット中心へと販売方法をシフトした。

「法人のお客様は扱うロットや金額は大きいが、価格競争になりがちで収益性に問題がある」と益子社長は、その理由を語る。変更当初は売上が低下したが、「絶対に大丈夫、うまく行く」とスタッフを励まし、購入者からの問い合わせ対応や商品企画、発送作業などすべての作業を入念かつ丁寧に行った。

昨年春以降、新型コロナウイルスの感染拡大で法人向け売上が大幅ダウンし、同業他社が業績低下する中、ネット販売の効果で、過去最高の売上高となった。コロナ禍が逆に追い風になったのである。

SDGsや働き方改革など時代にフィットした経営企画書を作成

「愛される会社、必要とされる会社になろう」

益子社長が作成した経営計画書は「SDGsや働き方改革」など令和の時代に対応する極めて先進的な内容だった。経営計画書は経営理念やビジョンなどの「基本方針編」、業務の取り決めを明示した「お仕事編」、個人の成長にフォーカスした「価値観編」の3つの柱からなる。平易な言葉で、スタッフに寄り添う内容と表現が特徴だ。

例えば経営理念は「感動を世界に贈る♥」と表現され、花のギフト社の経営の根本を示している。「16のHAPPYプロジェクト」は、家族を重視し、家族と一緒のレクリエーション会や、益子社長のペット犬「ベガス」のお泊り会など、仲間と共有する楽しい取り組みが満載されており、部外者が読んでもワクワクする楽しさが溢れる。その他にも行動目標・指針や5カ年計画、年間テーマなどが掲載され、スタッフが悩んだり迷った時の指針等の内容が盛り込まれている。

「日頃私が言っている内容をまとめたものですが、文字にして皆で共有することで非常に伝わるようになりました。あらためて共有する努力の大切さが認識できた」と益子社長はその効果を語る。

「コロナ禍の影響でお客様の価値観とお金の使い方が大きく変わる。消費傾向も安さの追求から、応援したい会社の商品を選択して購入するように変化している」と分析する。

今期のテーマ「愛される会社、必要とされる会社になろう」は、こうした流れを受けて、「目指すべき会社の在り方」が明確に示されている。

社長就任以来、「目指すべき〝いい会社〟とは?」を自問してきた益子社長。最終的な答えは「スタッフが自分の子供を入れたくなる会社」だった。

その実現に向け最も重視しているのはスタッフ一人ひとりに向き合い尊重することだ。

「私は非正規雇用で働いた時期が長く、会社に大切にしてもらった記憶はほとんどありません。だからこそ自社のスタッフにはそんな思いをさせないと決めてやってきました」

「感情的にならない経営」の実行でスタッフと会社は変わる

女性が働きやすい環境づくりに積極的に取り組む

スタッフのため、会社のため理想とする会社像を求めて奮闘する益子社長だが、社長就任から2年ほどは、想いが募ってスタッフに感情的に接してしまうこともしばしばだった。やがて社内の雰囲気は悪化し、野上会長から「郵便ポストが赤いのも電信柱が高いのも全部社長のせい‼」という ある経営者の格言を引き合いに諭された。スタッフとの関係に悩んでいた頃、プライベートで訪れた断食リトリート施設を見て、益子社長はあることに気づく。

「訪れた施設ではスタッフが実にのびのびと働いていて、そこの社長はスタッフを怒ったりはしない。『スタッフに任せているので怒ったことはありません』という言葉を聞いて大きな衝撃を受けた」と益子社長。

スタッフとの関係に悩んでいた益子社長は、「野上会長の言われる通り、スタッフに感情的に当たる私にすべての責任があると理解でき、ストン‼と得心がいった」その後は、益子社長は〝怒らない経営〟を実行し、スタッフとの関係は、次第に改善され社内の雰囲気が劇的に変わっていった。

「社内の団結力が強まり、今ではバス旅行など社内イベントも盛り沢山です。今年はシニアのパートナーさんたちが会社の敷地にサツマイモを植えてくれたので、秋にはスタッフの家族を招いて皆で一緒に芋ほり会をしようと盛り上がっている」と益子社長は相好を崩す。

女性スタッフが7割以上を占める花のギフト社では、女性が働きやすい環境づくりが最重要課題で積極的に取り組んでいる。

「家事や育児と仕事を両立させるのは本当に大変‼ 会社として、できるだけのことはしてあげたい‼ すべきである‼」

こう話す益子社長は、家庭の事情や女性特有の体調不良による急な欠勤・遅刻・早退にも柔軟に対応しつつ、在宅勤務や子連れ出勤も可能にしている。

「口だけで何もしない社長にならないよう、私が一番重い荷物を持たなければならないと常に自戒している。ただ私もマザー・テレサではないのでメリハリをつけて遊んだり、美味しいものを食べたり、飲んだりしてる」と笑みを浮かべる。

温かさと懐の深さを感じさせるその人柄に、多くのスタッフが彼女を慕うのも納得だ。最近は、勤務しているスタッフの紹介で入社する人が増えているという。花のギフト社で働くスタッフの「従業員満足度（ES）」は年を追う毎に、高いレベルとなって来ている。

海外への販売を視野に多言語サイトの立ち上げを検討

花とのコラボレーションで地方の名産品の販売も

当社のオンラインショップでも販売している素敵な観葉植物

益子社長は国内に留まらず海外への販売を視野に入れ、多言語サイトの立ち上げを考えている。「そのために海外からの入社を歓迎しています」と期待を膨らませる。

しかしコロナ禍による、生花需要の落ち込みで生産者は大打撃を受けている。このため何とか生産者に元気になってもらおうと支援策を考えている。

また今後は植物以外の商品も取り扱っていく方針だ。「例えば栃木県の名産品である益子焼は海外でも人気が高いので、花とコラボレーションして販売することも検討している。個人や小規模な事業所が制作している面白い商品があれば、当社のサイトで販売していきたい」と意欲的に語る。

益子社長のもとには、かつて花のギフト社で購入したお客さんから、「花がきれいに咲きました」と絵手紙が届く。

「ワンクリックでこんなにきれいなお花が届くならまた生花のネットを利用しようーと思ってもらえる商品を今後共提供していきたい。今ではフラワーデザイナーより経営の方が自分に向いていると思う」という益子社長。

ふとしたきっかけで出会った花は、益子社長をさらに広い世界へと導く。業界の常識を覆し、そこに鮮やかな感動の花を咲かせる益子社長の手腕から目が離せない。

President Profile

益子　博美（ますこ・ひろみ）

栃木県出身。日本フローリスト養成学校卒業後に渡米し、オクラホマ州の生花店に勤務。

アメリカのギフト（フラワーバルーンや Xmas 装飾等）に触れる。

帰国後、老舗「花重」でフローリストとしての経験を積みながら故・関江重三郎先生のアシスタントとしてアジア各地を訪問。日本フローリスト養成学校でアシスタントも務め、講師としても活躍。
25 歳でオーストラリアにわたり、ワイルドフラワーを通して自然の花の美しさを学ぶ。
帰国後、フラワーデザイナーとして雑誌やメディアの仕事をこなす傍ら、平成 13 年に AIFD（米国花協会）の資格を取得。同 14 年、銀座にフラワースクール兼ショップ「atelier Masubo」をオープン。

その後野上耕作会長と出会い、株式会社花のギフト社に入社。

平成 27 年、代表取締役社長に就任。

Corporate Information

株式会社 花のギフト社

https：//www.087gift.co.jp/

花のギフト社 Online Shop

所在地

〒 329-0214　栃木県小山市乙女 2 丁目 20-23
TEL　0285-45-0023　FAX　0285-45-0049
〈倉庫　TI センター（3300 坪）〉
〒 329-0216　栃木県小山市楢木 293-10

設立

平成 9 年 11 月

資本金

1,000 万円

従業員数

18 人

事業内容

通信販売業（鉢花・アレンジ・花束等各種ギフト企画・OEM）

経営理念

感動を世界に贈る♥
そのために私達は 1. 感動し、感動をお届けする人間になる。2. 更なる感動をお届けする為に、人間性を高める。

雪害対策に絶大な効果を発揮する「ファブリックヒーター」

「製品を通して人々の生活を豊かに」

雪と共に生活を営む方々の声をしっかりと吸い上げ、様々なニーズに応えた製品づくりを続けています

株式会社 Fabtech

代表取締役社長　**鳥居　彰夫**

大雪に見舞われる豪雪地帯。国が定める豪雪地帯の指定エリアは国土の51％を占めており、日本は世界でも有数の雪国である。純白の雪は神秘的で美しく景観を一変させる一方、交通網をマヒさせ、交通事故や自然災害を誘発し、社会生活を送る上で深刻な雪害を招く。

こうした雪害を解消する独創的な製品が今注目を集めている。それが、織物状の発熱体「ファブリックヒーター」だ。この製品の開発に携わり、雪害対策の切り札として世に送り出しているのが株式会社Ｆａｂｔｅｃｈの鳥居彰夫社長だ。

「雪害対策に絶大な効果を発揮する当社の製品『ファブリックヒーター』はミシンを使って誰にでも作ることができます。私はこの製品を寒冷地の地場産業として根付かせ、雇用創出に繋げられればとも考えています」

様々な可能性を秘める「ファブリックヒーター」とはどういうものなのか。さらに寒冷地の雇用創出、社長自身のものづくりにかける熱い想い、新たな製品に関することなど。キーパーソンである鳥居社長に様々なお話を伺った。

ポリエステルの生地に電極をつけることに成功し「ファブリックヒーター」が完成

鳥居社長が１００％の特許を保有

ファブリックヒーターの設計コンサルタンツ・製造販売を主に手掛ける株式会社Ｆａｂｔｅｃｈの創業は２０１５年８月。事業の核となっているファブリックヒーターはどのようにして生まれたのか。「実は20年以上前から大手化学メーカーが、元となる生地を開発していたんです。一方私は日本油脂（現・日油）の防衛産業部門に47歳位まで勤めた後、環境ビジネスに携わりたいとソーラーパネルを製作している会社に技術者として入りました。そこは東北地方の会社で、太陽光発電システムを東北や北海道に普及させる計画だったのですが、雪の問題があって上手く進みませんでした」

雪により、〝発電しない〟、〝ソーラーパネル自体が積雪荷重で壊れてしまう〟といったことが起こり、鳥居社長は「北海道・東北地方でソーラーパネルを普及させるには雪を面で融かすヒーターが必要だ」と考えた。

そこから鳥居社長はあらゆる角度から方法を模索し、最終的に辿り着いたのが、上述の大手化学メーカーが独自に開発していた〝電気を通すと発熱する生地〟だった。「この生地に電極さえ付けることができれば求めていたものが実現できると思いました」

試行錯誤の末、ポリエステルの生地に電極を付ける画期的な方法に成功。「ファブリックヒーター」がついに完成した。この製品に無限の可能性を感じた鳥居社長は、Ｆａｂｔｅｃｈを立ち上げ新たなスタートを切った。

鳥居社長は生産体制を強固なものにするため、2021年から製造を佐鳥電機株式会社（東京都）と株式会社メイジ（本社／神奈川県・工場／宮城県）という会社に託し、自身はアドバイザーのような立場で支援を行っている。

融雪に大きな力を発揮するFabtech製品

ヒーターでありながら軽さや薄さ、柔軟性をもつ

「人々の声に耳を傾けニーズに応えた製品づくりを」

ファブリックヒーターは、着物などの反物と同じ製造方法で作られる点が特徴となっている。鳥居社長は「緯糸（よこいと）は通電すると発熱し、経糸（たていと）は電気を通しません。この2つで織物にし、通電するための電極を施すとファブリックヒーターになります」と説明。

織物であることから、ヒーターでありながらも軽さや薄さ、柔軟性をもち、様々なシーンで活用することが可能になる。

主に高速道路の道路上やETC、鉄道の駅や路線の融雪でファブリックヒーターが活躍しているが、「ETCなど無人の場所や屋根の融雪を行うと、クライアントからは『人間の力で除雪する必要が無くなり大変助かる』と喜んでいただいています」という。

現在の販売先は企業。いわゆる「BtoB」がメインだが、「今後は個人向けの「BtoC」にも力を入れていきたい」と鳥居社長。

「屋根融雪や雨どい融雪などの製品を個人の住宅向けに販売していきたいと考えています。今現在、豪雪地帯に住むご高齢の方が都会に引っ越すケースが増えています。それは何故かというと、自宅の雪下ろしが困難で住みたくても住んでいられないといった事情があるからです。当社の製品を通して地方の人口減少に少しでも歯止めをかけられればと思っています」

積雪で生活に不便をきたすシーンで大きな力を発揮するファブリックヒーター。鳥居社長は「例えば観光スポットへの動線や非常口の扉前、駐車場などにも融雪製品を有効活用して頂けます」と

用途は無限大だ。

「今後も雪と共に生活を営む方々の声をしっかりと吸い上げ、様々なニーズに応えた製品づくりを続けていきたい」と力を込める。

日本のモノづくり産業に多大な貢献

「クリエイティブな人材育成にも力を注ぎたい」

鳥居社長はこれまで一貫して技術・研究畑を歩んできた。自身の発想力やアイデアを駆使して、新たなモノを生み出す仕事に人生を捧げ、日本のモノづくり産業に多大な貢献を果たしてきた。ファブリックヒーターも、鳥居社長がモノづくりに大きな情熱を注いできたからこそ生まれた製品であり、それが今日雪害で困っている人たちを救う大きな一助となっている。

しかし今、鳥居社長のようなモノづくりのプロフェッショナルが日本で減ってきているという。「海外への技術者流出や国の研究予算減など様々な理由により、技術者が育つ環境がなくなり、日本で新たなモノをつくる土壌も少なくなってきているのは間違いありません」

こうした中で鳥居社長は、モノづくり大国と呼ばれていた頃の日本を取り戻すべく、今後人材の育成にも力を注いでいきたいという。「たった一つの技術やアイデアが世の中の仕組みを大きく変える。そんな、世の中をダイナミックに動かせる人が日本からどんどん輩出されるような未来を夢見ています」

新たなモノを生み出すことの喜びや楽しさを誰よりも知る鳥居社長。2020年で還暦を迎えたが、自身モノづくりのプロとしての活動には些かの衰えもない。2021年に、ファブリックヒーターの可能性を広げる新たな製品を開発した。それが「ポリファヒーター」だ。

弾力性、耐久性に優れた「ポリファヒーター」を開発

牛舎や豚舎を安全に暖めることが可能に

「ポリファヒーター」開発のきっかけは、畜産農家からの声だった。「冬季に牛舎や豚舎を暖めるのに、天井に赤外線ヒーターを吊るす方法が一般的ですが、この方法は火事が起こるリスクと隣り合わせなのです。かといってヒーターを地上に置くと、家畜がそれを舐め、すぐに劣化して壊れてしまう。どこの畜産農家もやむを得ずヒーターを天井に吊るしているのが実状です」

この課題を解決すべく、鳥居社長は家畜が舐めても劣化しない素材を用いたヒーターづくりに着手した。そして見つけたのが「ポリウレア」という素材だった。

「アメリカで開発され、中国で発展・普及し、日本ではまだほとんど使われていなかった素材で、独自に入手することができました。耐久性に優れた素材で、ファブリックヒー

豊富なカラーバリエーションが揃うポリウレア樹脂

ターと断熱材などをこのポリウレア樹脂で覆うような形でできあがるのが「ポリファヒーター」です」

これまでになかった強度、伸張性、弾力性、耐薬品性を備えた画期的なヒーターはクライアントからも好評で、2021年3月には畜産農家への本格的な普及を目指し、Fabtechの拠点を北海道へ移すとともに、「ポリファヒーター」の製造工場も作られた。「良質な牛を生かして育てるためには安全で暖かな空間というのは非常に重要です。火災事故の心配がなく、安全に暖めることのできる「ポリファヒーター」をぜひ多くの畜産農家様に使って頂きたい」

ファブリックヒーターの進化型といえるポリファヒーターだが、もちろん用途は畜産農家だけではない。シートタイプとマットタイプがあり、従来の雪害対策や保温に用いることもできる。

スポーツや医療など社会生活の様々な場面で用途展開を図る

ファブリックヒーターと新型発電機を全国の緊急避難所へ

「ファブリックヒーターをもっと多彩に有効活用できないか…」

鳥居社長は現在北海道科学大学の学外研究員に就き、用途開発について様々な議論、研究を行っている。今では雪害対策以外に、野球場やサッカー場の芝生を育てるヒーターとしても採用されている。さらに「ポリウレアの導入で用途幅は格段に広がりましたから、もっと人の生活に対する使い道があるのではと。そういう部分を今は模索しています」という。

鳥居社長が構想するのは、例えば救急搬送時に使われるストレッチャーへの採用だ。「交通事故で搬送される人はショック状態で体温が下がっていく。ヒーターを備えたストレッチャーで搬送中に温めることができれば命を救える可能性が上がると考えています」

もう一つは未熟児で生まれた赤ちゃんを入れる保育器への導入。「電熱線を使ったヒーターだとやけどの恐れもあるので、その点安全なファブリックヒーターは最適です」

このほか、老人介護の分野での用途も検討がなされている。医療や介護の様々なシーンで、ファブリックヒーターを用いた製品が相次いで世に登場するのはそう遠くないかもしれない。

これまでファブリックヒーターに大きな力を注いできた鳥居社長だが、並行してもう一つ新たに開発しようという製品がある。それが「高効率発電機」だ。

現在日本には市町村長が指定する災害時の緊急避難所が、2019年10月時点で7万8243カ所を数える。

「そこで使われているほとんどの暖房設備が石油ストーブなのですが、これだと暖かい空気が全て上にいってしまい下が寒くなる。そこで最適となるのが当社の床を暖めるファブリックヒーターです」

ポリウレア樹脂を使ったヒーターを牛舎で使用

さらにこれを長期の間使うための発電機が必要だということで、鳥居社長は発電機の開発を決めた。

従来災害時の応急的な発電機の使用期間は2~3日が限界だったが、鳥居社長の呼びかけに賛同して協力してくれた企業が開発する高効率発電機は、化石燃料を使用しないで1週間の長期にわたって電源が維持でき、電源工事をする必要もないなどのメリットもある。

「完成次第、全国の避難所にこの設備をアピールしていきたい」

次から次へと湧き上がる発想やアイデア。この原動力は鳥居社長自身の飽くなき探求心や好奇心だが、もう一つは「人々の生活を豊かにしたい」という熱い想いだ。

「私と関わった全ての人が喜んでいる姿を見るのは本当に嬉しい。私自身もこれまで色んな人に支えていただきました。全国の寒冷地方に『ファブリックヒーター』の製造工場を作って雇用を生み、地域の人々の暮らしや街を活性化させていきたい。私のこの構想は社会への私なりの恩返しとしてぜひ実現していきます」

力強く話す鳥居社長に、飽くなきチャレンジを身上とする職人としての熱情と、事を進めるにあたっての緻密さ、そして人に対する柔和な人となりを伺わせる。

President Profile

鳥居　彰夫（とりい・あきお）

昭和 34 年 11 月 12 日生まれ。愛知県出身。

日本油脂（現日油）に入社。その後ソーラーパネル会社で技術者として勤務。

非塩化物系液体凍結防止剤および自動散布装置など雪害対策製品を開発。

化学に関する専門知識と独創的な発想力で交通インフラ Re: ＡＴＡＣニュース 67 号の日程調整の雪害対策への応用技術の開発を進める。

平成 27 年に独立し、株式会社 Fabtech を設立。防水性、耐薬品性、耐摩耗性、防食性に優れた樹脂化合物、ポリウレアを活用した製品開発に取り組み、寒冷地を悩ます雪害を省エネで解消する「ポリファヒーター」で技術力の高さを示した。

Corporate Information

株式会社 Fabtech

https：//www.fabtech.jp/

株式会社 Fabtech

所在地

〒 982-0011　宮城県仙台市太白区長町 6-11-14-1204
TEL　022-207-3600
〈営業所〉 〒 001-0923　北海道札幌市北区新川 3 条 5-5-5

設　立

平成 27 年 8 月

資本金

800 万円

事業内容

発熱素材による融雪製品の製造販売
・保温製品（配管ヒーター、樹脂封止ヒーター）
・雪害対策製品（融雪階段用マット、ETC 車両検知機用融雪シート、融雪機能付きリサイクル樹脂ボード、自立式電源システムとの連携、屋根融雪、屋外施設用融雪マット）

ファブリックヒーターの 4 つの特徴

1. カーボンナノチューブを発熱体へ活用
2. 塩ビ、ゴム、FRP など幅広い素材で被覆
3. 幅広い温度領域が設定可能
4. 5V ～ 240V（AC/DC）に対応

独創商品「トラポ」で排水トラップの常識を変えるオンリーワン企業

排水口のウイルス・悪臭、害虫の侵入・排水不良を解決

排水の潜在的な
悩みを掘り起こし、
より快適な生活環境を
多くの人に
提供します

株式会社 Beau Belle

代表取締役　**山瀬　堅司**

コロナ禍でステイホームが推奨され自宅で過ごす時間が増えている昨今、自宅の「ニオイ」が気になっている人が多いのではないだろうか。あるメーカーの調査では、自宅の臭いの中でも「排水溝や水廻りの臭いが気になる」という回答が最も多いという結果が出ている。また換気や消臭剤で一時的に解決できても、時間が経てばまた臭いが気になると回答した人が約４割にのぼっている。

「臭いニオイは元から断たなければダメ」といわれるが、カーテンやソファーなどのように取り換えがきく家具やインテリアとは違って、水廻りを丸ごと入れ替えるのは現実的ではない。配管などから出る不快な臭いを根本的に解決するのはほぼ不可能と思われてきた。しかも、このコロナ禍の中では悪臭と一緒にコロナウイルスも侵入してくる恐れがある。

こうした解決が難しい根深い悩みに終止符を打ったのが、山瀬堅司社長が率いる株式会社ＢｅａｕＢｅｌｌｅ（ボーベル）が製造・販売する排水トラップ「ｔｒａｐｏ（トラポ）」だ。

トラポは排水管からの悪臭やウイルスをはじめ害虫の侵入や排水不良を解決する画期的な製品だ。その斬新さからテレビ東京の人気番組「ワールドビジネスサテライト」の看板コーナー「トレンドたまご（トレたま）」で紹介されるなど、メディアからも熱い視線が注がれている。

高機能排水エコトラップ「トラポ」の製造販売に乗り出す

ウイルス、雑菌、悪臭や害虫の侵入を防ぐ高品質・低コストの画期的製品

山瀬社長が株式会社Ｂｅａｕ Ｂｅｌｌｅを立ち上げたのは平成10年10月。現在もリフォーム事業を手がけているが、仕事を通して知人から「排水に関するパーツについて話を聞きたい」と相談

皆で豊かになれる社会の実現を
目指していきたいと語る山瀬社長

を受けた。そのパーツはある職人が開発した、排水トラップをベースに排水管からのウイルス、悪臭や害虫の侵入を防ぐための部品だった。しかし、知人をはじめ周囲の人々は排水システムについての知識がなくその価値に気づかなかった。ところが山瀬社長は一目でその斬新さを見抜き、「これは画期的だ」とその実用化と事業化について考え始めた。当初のパーツはポリ塩化ビニール（塩ビ）パイプをのこぎりで切って加工した手製の物で、とてもそのまま販売できるような状態ではなかったという。またそのパーツを排水管に取り付けるには工事をしなければならず、専門的な知識や技術も必要だった。そこで山瀬社長は開発者と独占契約を結び、その後事業化に向けて共同でパーツをブラッシュアップしていった。高品質な製品に仕上げるとともに、既存の排水管への取り付けが可能で、かつ大掛かりな工事が不要という利点を発揮する夢の商品「トラポ」を完成させた。

「当初のパーツはアイデアとして非常に素晴らしいものでしたが、職人さんの器用さがあって初めて成り立つ製品でした。それでは量産化して商品として広めていくのは難しいと考え、より実用的で一般向けに商品開発を進めていきました」と当時を振り返る。トラポの取り付けそのものは簡単にできるのだが、普段は塞がれている排水管の根元近くまで手を入れる必要があるため、現在は主に販売・施工を担当する加盟店に卸している。過去に類を見ないオールマイティな商品のため、山瀬社長は特許を取得し、代理店網の構築など精力的にトラポの普及を行っている。

排水からの悪臭・害虫・ウイルスの侵入までシャットアウト

封水に頼らないためエコでクリーンな環境を安定して維持できる

通常、キッチンや浴室、洗面所、洗濯パンなどの排水管には排水トラップが取り付けられている。一般的な排水トラップは内部に封水(ふうすい)と呼ばれる水を溜める。それを蓋にして悪臭・ウイルス・害虫などを防ぐが、この封水が減少すると排水管からの悪臭・ウイルス、害虫などが室内に侵入する。しかし(封水切れ)の主な原因としては気圧や圧力変動で引っ張られすぐに無くなっていることが多い。気温が上昇したり長期にわたって水道が使われなかったり、蒸発の場合もあるが圧力変動によって無くなる(封水切れ)ことがほとんどだ。圧力変動とは、他の世帯が大量に排水したり強風が吹いたり、雨が降ったりすると管内の気圧に大気との差が生じることで、封水が吸い込まれるように流れてしまう。その他、サイホン現象で(封水切れ)を起こすことも少なくない。

例えばマンションなどの集合住宅で、上階の住人がバスタブなどの排水を行うと引っ張られ封水切れを起こすこともある。これではいくら注意しても自分ではどうしようもない。さらに排水管内に汚れやゴミが蓄積すると水の流れも悪化する。封水は排水が完了しなければ正常に溜まらない。そのため水が流れ切らないと管内が真空状態になり、溜まりかけた封水が排水管へと流出して水位が上がらず臭いがひどくなる。

トラポは従来の排水トラップ同様に排水管に取り付けて使用するが、不安定な〝封水頼み〟でし

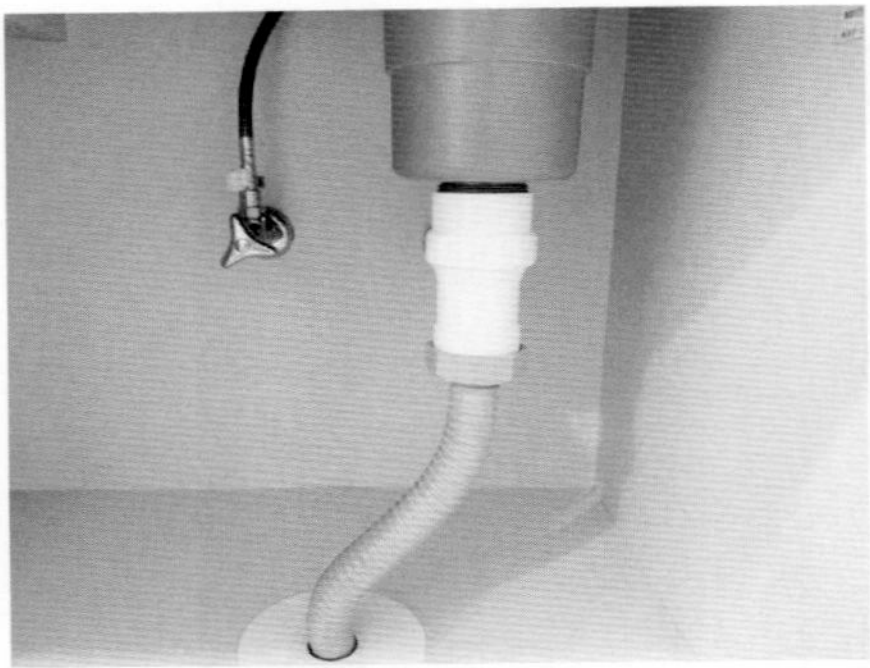
キッチン仕様のトラポ

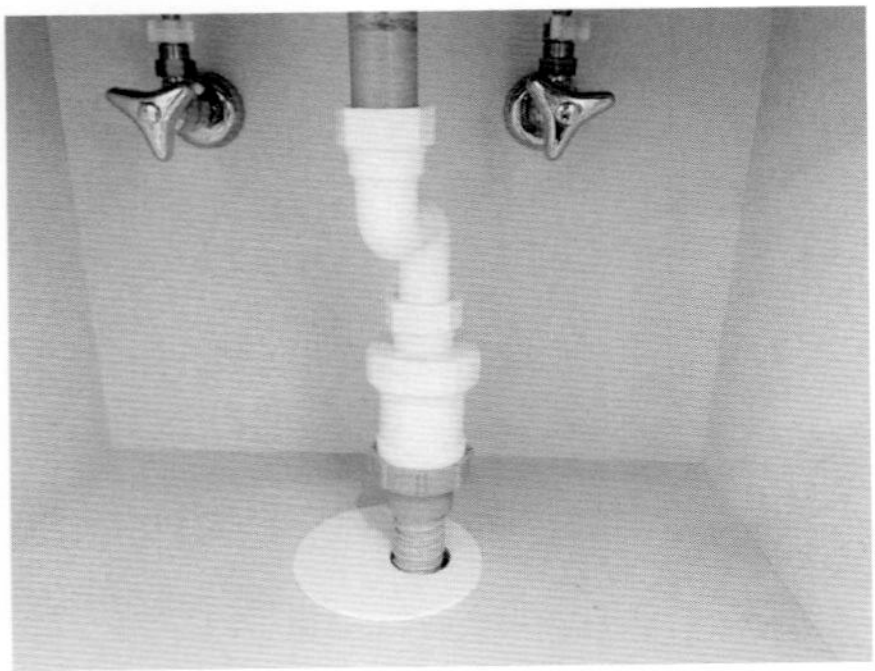
洗面仕様のトラポ

かなかったこれまでの排水トラップとは大きく異なる。トラポの圧倒的な優位性の秘密はその構造にある。トラポの内部には逆止弁が付けられており、排水時は水の勢いで弁が開き水をスムーズに排水する。水が止まると弁がしっかりと閉じ、ウイルス・悪臭・害虫もシャットアウトする。加えて排水管内の水の流れが速くなるのでゴミが滞りにくくなり、汚れの付着やゴミの集積も軽減されメンテナンスが楽になる。優れた性能と設置のしやすさから高く評価されている。

トラポを一言でいえば、「封水を必要とせず、快適な室内環境を提供する高機能エコトラップ」となる。個人ではコントロールできない気圧変動や蒸発に左右されない、快適な環境を安定して得られる。

しかも設置費用は1世帯当たりトラポ本体、設置代込みで8万円（税別）で、8カ所までは金額は変わらない。例えばキッチン、浴室、洗面所、洗濯パンの4カ所に取り付けても8万円だ。設置時間も約60分とスピーディーだ。

「トラポを設置されるのは持ち家の方が多いのですが、仮に今後30年ほど住むとしたら月当たり200円程度、4カ所に取り付けた場合は1カ所当たり50円で済みます。またトラポは非常に耐久性の高い塩化ビニール製（PVC）なのでメンテフリーです。それだけの費用でウイルス・悪臭はもちろん、ゴキブリやムカデ、コバエ、クモなどの虫の侵入をシャットアウトできるので、トラポの設置は大きなメリットがあると自信を持ってお勧めできます」山瀬代表は胸を張る。

困っていることに気づかない！ withコロナでこれからコロナウイルスとも付き合っていかなければならない

潜在ニーズは国内だけで推定約50億ヶ所と市場は無限大

山瀬社長が今最も意識しているのが潜在ニーズの掘り起こしだ。自宅でウイルス・悪臭・害虫が侵入しているのにその事実に気づいていない人がほとんどだという。

「実は人間の鼻はそれほど敏感ではありません。悪臭が発生しても1ｍも離れれば中々気づけません。悪臭が発生した時に現場にいなければ気づきにくいし、また悪臭に慣れてしまうこともあります。このため悪臭が発生していても『うちは大丈夫』と思い込んでしまいます」

気づきにくいといえば害虫の侵入も同じだ。コバエやゴキブリ、ムカデなどは屋外からではなく排水管を伝って室内に入るケースが多いそうだ。

「ゴキブリやムカデは封水が少なくなればそこから自由に出入りします。夜行性なので人間は寝ており、害虫が浸入する瞬間を目にしていないだけです。より小さなコバエなどは簡単に上がってきます。掃除も戸締りもしっかりやっているのに虫が多いと悩んでいるお宅は、排水口をチェックすべきです」と山瀬代表は指摘する。

害虫といえば食料があるキッチンから入ってくると考えがちだが、驚くことに害虫が最も楽に入ってこられるのは浴室か洗濯パンの排水口だそうだ。浴室の排水トラップは低い場所に位置していて圧力の影響を受けやすい上に、キッチンや洗面所に比べると使用頻度が低く封水切れが長く続く。その状態が、害虫にとって最も侵入しやすい場所なのだ。悪臭は近くにいれば気づけるし虫は目に見えるから良いがウイルスや雑菌は侵入しても気づくことができない。

全国推定50億カ所にニーズがあると山瀬社長は試算していて市場規模も莫大なものがあり、更に排水に関しては機械やモーターなどは使えず将来性もかなりある。今後ますますトラポの認知が望まれるが、こうした中で株式会社ＢｅａｕＢｅｌｌｅは「トラポ」の加盟店を募集している。

「トラポはニーズ、将来性、収益性、市場性の全てが備わっている稀有な商品です。さらに在庫や店舗を構える必要がなく初期費用も抑えられるので、ぜひ多くの方に加盟店として活躍していただきたい」と呼びかける。現在はリフォーム会社や設備会社などが加盟店として活躍しているが、飲食店・美容院やエステ店などにも、既存顧客に対して二次商材としての営業を勧めていきたいという。

トラポを普及しつつ建築業界を改善し社会貢献したい

趣向を凝らした新築物件の建設で優秀な人材の確保・育成

山瀬社長は社員に対して「欲を持て」という独自の教育を行っている。「欲は全ての原動力なので非常に重視しています。お金を稼いで投資したい・大きな家が欲しい・高級車が欲しい・ファーストクラスで旅行に行きたいなど、どんな欲でもいいのです。各自がそれぞれの欲をもって、自分にプラスになることをやっていけば、やがて会社全体がよくなるはず。最近の若い人は欲がないから、ちょっと心配になります」

苦笑しながら語る山瀬社長自身、必ず実現したい大きな欲望があるという。トラポの加盟店が50店を超えたあたりでトラポ事業の第一線から離れ、新築物件の建設に移行することだ。それも一般的な住宅ではなく、「地下室ばかりの家や大きな露天風呂がある家など、みんなが考える理想の家を創りたい」と目を輝かせる。

この夢の背景には建築業界を憂える山瀬社長の熱い想いがある。「少子高齢化で新築の需要が落ち込む一方で、腕のいい職人さんが活躍する場がどんどん減ってしまっている。そういう人たちが腕を振るえる場を用意してあげたい」と熱く語る。

「潤沢に仕事があれば月にフリーで50万円以上稼げる職人さんたちが、企業に囲い込まれて月30万円で働いているような状況が珍しくありません。そんな状態では若い人が憧れるはずもなく、人材も細っていくだけです。趣向を凝らした付加価値の高い独創的な住宅を建設することで十分に稼いでもらえる環境を整えていきたいです。一つの社会貢献です」

周りからは〝大言壮語〟だと評されることも多いそうだが、山瀬社長は「来年には夢を現実のものにしていきたい」と胸を張る。

トラポを世界に広げ、海外で求められる人気商品を目指す

皆で豊かになれる社会の実現を目指して

山瀬社長のもう1つやり遂げたいことがある。トラポを世界に広めることだ。

「例えばマレーシアは下水道の整備が遅れて衛生面でも問題を抱えていますし、またフィリピン

活気溢れる（株）Beau Belle のスタッフ

は富裕層が住む地域やリゾート地などは下水のインフラは整っているものの、全体的に排水処理はとても万全とはいえない状況です。途上国を中心にわれわれのトラポを広めながらいずれは海外拠点を設けたいと考えています」

「現地では社屋を構えるだけでなく、住宅を取得して地域に開放したいと思っています。普段は現地の人に自由に使ってもらい、私や社員が訪れた際にそこで寝泊りすれば、現地での生活実感をつかむことができるでしょう。こうした住宅が増えて〝トラポ集落〟を形成していけば楽しいと思いませんか？」

ここにも建築業界の改善と同じく、山瀬社長の〝皆で豊かになりたい〟という思想が息づいている。「1人でお金持ちになっても妬まれるだけでつまらないです。皆で豊かになることに意義があるのですから」と山瀬代表は磊落に笑う。

排水の固定観念を突き崩し、新たな風穴を開けた山瀬社長のあくなき挑戦は日本、そして世界を舞台に広がりを見せる。

President Profile

山瀬　堅司（やませ・けんじ）

昭和 41 年生まれ。名古屋市出身。

専門学校卒業後理容師の世界に。21 歳で理容店を出店。

その後のレストランの店長や人材派遣業を経て、リフォーム業界に転身。自動ドア設置施工などの仕事を経て画期的な排水トラップと出会う。その間リフォーム事業を手掛けて業容を拡大し、「トラポ」という画期的なドライ式排水トラップを開発。

高機能エコトラップ「trapo（トラポ）」として量産化に成功し、本格的に事業としてスタート。

現在は自社での施工の他、加盟店を募りトラポの全国展開に取り組んでいる。

Corporate Information

株式会社 Beau Belle（ボーベル）

https：//trapo.info/

株式会社 Beau Belle

所在地

〒 468-0066　名古屋市天白区元八事 3 丁目 275 番地
TEL　052-875-9019　FAX　052-308-8713

設　立

平成 10 年 10 月

資本金

300 万円

従業員数

7 人

事業内容

排水トラップ「trapo（トラポ）」の製造・販売
排水口の問題解決
リフォーム事業全般

関連会社

成輪有限会社、株式会社ヤマニ創建、株式会社サンケイサポート

アピール

高機能エコトラップ「trapo（トラポ）」で日本の水まわりの悩みを解決します！

150年以上の歴史に培われた老舗日本茶専門店

時代のニーズに応えた商品展開で新たな価値を創造

ゆくゆくは
ほうじ茶もコーヒーの
ように、現代人の生活に
当たり前のように
溶け込んでいく飲み物
にしていきたい

株式会社 丸八製茶場

代表取締役社長　**丸谷　誠慶**

加賀百万石で有名な石川県。かつて日本最大の外様大藩ということで、江戸幕府から常に警戒の目を向けられていた。そこで2代目藩主前田利常は、「謀反の意思なし」をアピールするため、武力ではなく工芸、芸能分野の発展に力を注いだ。加賀・前田家のこうした取り組みが、加賀友禅や九谷焼、輪島塗、金沢箔といった工芸品、加賀宝生流能楽など、今日石川県が世界に誇る伝統文化が形作られた。

こうして現在に受け継がれてきた伝統文化の一つにお茶がある。そして前田家が掲げた「製茶奨励政策」をきっかけとして後に生まれたのが丸八製茶場である。創業は文久3（1863）年。150年以上の歴史を刻んできた丸八製茶場の現在の代表取締役社長を務める丸谷誠慶氏は6代目だ。

「これまで築き上げてきた当社の歴史と伝統を大切にしながら、時代のニーズに合わせた新たな風を社の内外に吹かせていければと思っています」と静かに語る。

昭和天皇への献上品として誕生した「献上加賀棒茶」

量を優先した卸スタイルから質を重視した直販スタイルへ

江戸時代に茶農家としてスタートした丸八製茶場は、150年を超える長きにわたってお茶一筋に歩んできた。長い歴史の中で同社のターニングポイントとなったのは、昭和58年に石川県に来訪された昭和天皇にほうじ茶を献上したことだ。

「この年、昭和天皇が石川県の全国植樹祭にご来訪されました。天皇陛下が加賀温泉郷でご宿泊されるホテルから、『最高のほうじ茶を納入してほしい』との依頼を頂き、祖父と父が全国の産地から

伝統の味を守り続ける
「献上加賀棒茶」

ほうじ茶にあう質の高い原料を探し回りました」と丸谷社長。

そして最終的に辿り着いたのが、鹿児島の一番摘みの茎だった。そしてこの茎の風味を最大限に活かせる焙じ方や淹れ方を何度も研究するなど、原料から製法まで全てにこだわりぬいて完成させたのが、現在丸八製茶場の主力商品ともなっている「献上加賀棒茶」だ。

昭和天皇への献上後、「献上加賀棒茶」の販売を開始すると雑誌に取り上げられ徐々に認知が広がった。これをきっかけとして、丸八製茶場はそれまでの質より量を優先した卸スタイルから、質を優先した直販スタイルへと転換を遂げた。

「祖父が生み出した献上加賀棒茶を父がプロデュースして当社の主力商品へ昇華させました。父がネットなども駆使した直販スタイルへ変えたことも、丸八製茶場にとって大きなターニングポイントになったと思います」

こう語る丸谷社長自身はエンジニア出身という異色のキャリアを持つ。「兄弟は姉と妹がいますが、男は私一人なので将来は自分が家業を継ぐのかなと子供ながらに考えていました」

大阪大学基礎工学部を経て大学院に進んだ丸谷社長はそのまますぐに丸八製茶場に入社することはなかった。

「父からは『一度外の環境も経験した方が良い。30歳位までは好きなことをしたら良い』というアドバイスをもらっていました」ということで、神戸のカーナビメーカーにシステムエンジニアとして入社した。そして丸谷社長が30歳になる年の平成20年に勤めていた会社を辞め、丸八製茶場に入社。ここから丸谷社長と丸八製茶場の歴史が始まった。

スタッフが力を発揮できる環境づくりに注力

丸八製茶場の働き方改革を次々に実行

丸八製茶場入社後は、社内で様々な業務に従事しながら、父親である先代社長の誠一郎氏から経営者としてのノウハウを叩きこまれた。そして入社から5年後の平成25年、父からバトンを受け丸八製茶場6代目社長に就任した。

「祖父、父ともに社長としての手腕を発揮して会社の成長に繋がる経営改革をやってのけました。それに対して自分は何ができるだろうか、と必死に考えていました。今もその想いは変わりません」

そんな丸谷社長がまず変革を起こしたのは、社内風土・環境の分野だった。「父が社長の時代は本人がカリスマ性を発揮し、トップダウンで全てを決めていくいわゆるワンマン的な経営スタイルの会社でした。このやり方は自分にはできないし、経営スタイルを変えようと」

そこで丸谷社長は、スタッフ一人ひとりの意見を経営に反映させる協調型の経営スタイルを推し進めた。「スタッフ自身が色んなアイデアを出し、それを会社としてどんどん実行していきます。例えば新製品を開発する場合、スタッフを開発リーダーに据えたチームをつくり、企画から開発ま

北陸新幹線開通を機に富山駅と品川駅に新店舗を開設

手軽に本格的なお茶を楽しめる加賀いろはテトラシリーズ

丸八製茶場本社に併設された店舗「実生（みしょう）」

で全てそのチームが中心となって進めていくといった具合です」

スタッフ一人ひとりがまるで経営者のように、会社を力強く引っ張っていく組織づくりを目指したのだ。「そのために私はスタッフが主体的かつ積極的に仕事と向き合い、力を発揮できる環境づくりに力を注ぎました」

この結果、新入社員の研修制度や総務部の新設。さらには副業の許可や所定労働時間の短縮といった丸八製茶場流の働き方改革を次々に行っていくこととなった。

「今では当社で働きながら、起業している人や色んな勉強をしている人がいます。一人ひとりが違う環境で成長し、それを会社に還元してくれれば最高ですね」

丸谷社長は就任後社内に様々な新風を吹き込んでいったが、その間社員数も増え、現在約75人のスタッフが活躍している。店舗数も平成27年の北陸新幹線開通を機に、富山駅と品川駅に店舗を新設し、石川県内の既存3店舗と合わせて5店舗となった。

商品ラインナップは、伝統の味を守り続ける主力商品である「献上加賀棒茶」をはじめ、こだわり抜かれた玉露や抹茶、玄米茶が揃う。また、お茶の新たな可能性を発掘しようと、ティーバッグを使って手軽に本格的なお茶が楽しめる加賀いろはテトラシリーズを発売した。

「斜陽産業である日本茶が生き残っていくためには、お茶＝高齢者層の飲み物というイメージを覆し、若い世代にも受け入れてもらえるような商品が必要だということでテトラシリーズを生み出しました」

「働く女性」、「ワンコイン」、「手軽」などのキーワードをもとに、誕生した「加賀いろはテトラシリーズ」は、テトラ（四面体）に茶葉を包み込み、1袋の個数を6個に抑えることで、高品質でありながら値段を安価に抑えることに成功した。「パッケージの絵柄は石川県の伝統工芸品・九谷焼の若手作家、上出惠悟さんに依頼し、若い方にも受け入れて頂けるようなポップなデザインにしました」

テトラシリーズは発売以来、多くの女性に受け入れられ、売上は右肩上がりに。今では献上加賀棒茶と並ぶ看板商品となるまでに成長した。

季節の移ろいを感じる「焙茶ｎｏｍａ」シリーズ

「ペットボトルではないお茶を若い世代の人にも」

テトラシリーズに続き、丸谷社長は若い世代に向けたさらなる商品開発を模索。辿り着いたキーワードが「オリジナリティ」だった。「まずは当社の十八番といえるほうじ茶に特化をすること。さらに全国から届くいくつかの原料から選ぶのではなく、商品イメージを考えることを開発の出発点にしました。そうすることで、イメージに合う原料を探すことになり、今まで出会えなかった原料を見つけることができます。これによって丸八製茶場のより斬新なオリジナルの商品開発に繋げられると考えました」

こうしたプロセスを経て新たな商品開発を進めてきた丸谷社長は、これまで丸八製茶場の長い歴史の中で出会うことのなかった香りや風味を持つほうじ茶の開発に成功した。そして今年3月に一つの到達点として、丸八製茶場オリジナルの「焙茶ｎｏｍａシリーズ」を生み出した。

ｎｏｍａのネーミングには、人と時間、人と空間、人と人の「間（マ）」を豊かにしたい、と言う想いが込められている。

「商品イメージは四季です。季節に合わせた旬のほうじ茶を展開することで、お茶で季節の移ろいや変化を感じて頂きたいです」

「第一弾のｎｏｍａは桜葉のような香りと優しい甘みを感じられる原料を使い、春らしさを感じられるほうじ茶に仕上げました」

こう話す丸谷社長は今後年4回にわたりシリーズ展開していく。「今の10代~20代の人にとってお茶といえばペットボトルを思い浮かべるでしょう。そうした世代に対して、家で入れるお茶がどのように受け入れられるか。ｎｏｍａで挑戦したいと思います」と意気込む。

丸谷社長はスタッフの意見や消費者の声にしっかりと耳を傾け、商品開発に活かしている。伝統にあぐらを掻くことなく、その時々の時代に合わせた商品を提供していくスタイルが、斜陽産業といわれる茶業界にあっても成長を続けていける大きな要因となっている。

「全ての世代の人にほうじ茶の魅力を知って頂きたい」

「良い食品づくりの会」を通して食品業界の改革にも挑戦

丸谷社長が代表に就任してから、今年で8年目となる。4代目の祖父や5代目の父に負けじと、これまで丸八製茶場の成長に繋がる様々な変革を手掛けてきた。「まだまだ学んでいかなければいけないことが多いですが、これからもスタッフ全員で一枚岩となり、お客様に喜んで頂ける商品を提供していきたいと思います」

テトラシリーズやｎｏｍａシリーズなど、お茶のイメージが覆るような斬新な商品を世に送り出し続けてきた丸谷社長だが、その原動力は「全ての世代の方々にほうじ茶の魅力を知って頂きたい」という熱い想いだ。

「ほうじ茶は原料や製法で色んな味わいがあります。例えば朝起きてシャキッと目を覚ましたい時に飲むほうじ茶。夜寝る前に心を落ち着かせたい時に飲むほうじ茶といったように、生活の中で気分によってほうじ茶を飲み分けることができます」

コーヒーは全国津々浦々に専門店が軒を並べ、日本人の生活にすっかり根付いている。丸谷社長は「ゆくゆくはほうじ茶もコーヒーのように、現代人の生活に当たり前のように溶け込んでいく飲み物にしていきたい」と話す。

こうした目標を掲げて事業に邁進している丸谷社長だが、一方で「良い食品づくりの会」という

「全ての世代の方々にほうじ茶の魅力を知って欲しい」と丸谷社長

業界団体の活動にも精力的に取り組んでいる。

「今国内の食品業界の潮流は間違いなく質より量になっています。でも大量生産ができて保存のきく食品は、低価格という魅力がある半面、健康が軽んじられている気がしてなりません。安く大量生産された簡易的な食品が体にどんな影響を及ぼすのか、その辺りの正しい情報発信。そして昔ながらの製法で手間暇かけて作られた食品と簡易的に作られた食品を消費者の方々が選べる販売体制を構築していかなければと考えています」

お茶だけではなく、食品業界全体の改革にも挑戦する丸谷社長は、常に消費者目線に軸足を置いた新しい価値の創造に果敢にトライする。

President Profile

丸谷　誠慶（まるや・まさちか）

昭和53年生まれ。石川県加賀市動橋町出身。

大阪大学基礎工学部卒、同大学院修了。

神戸でカーナビゲーションのメーカーにシステムエンジニアとして就職した後、家業である製茶業に転身。

丸八製茶場に入社後は製造現場を経て、父・誠一郎さんのもとで経営者としてのノウハウを学び、丸八製茶場が創業150年を迎えた2013年に6代目社長に就任した。

食文化としての茶に若い人が触れる機会を作るため、新たな「茶づくり」と「場づくり」を目指す。「加賀いろはテトラシリーズ」を開発して、若い世代へ向けたお茶文化の伝承に精力的に取り組んでいる。

Corporate Information

株式会社 丸八製茶場

https：//www.kagaboucha.co.jp/

丸八製茶場

所在地

〒922-0331　石川県加賀市動橋町タ1番地8
TEL　0761-74-1557　FAX　0761-75-3429

創業

文久3年（1863年）

法人組織

昭和29年10月

資本金

2,000万円

従業員数

75人

事業内容

日本茶の製造・販売
取扱い商品：棒茶、ほうじ茶、煎茶、玉露、抹茶、玄米茶、加賀いろはテトラシリーズ

農業×ロボット×マーケティングで農業の産業化を実現

「農業ビジネス」で地域活性化に取り組むパイオニア企業

日本が誇る農業を
通じて、お客様に
小さな幸せを繰り返し
お届けします

株式会社 みつヴィレッジ

代表取締役社長　**八百　伸弥**

農家ではなく企業として農業ビジネスに参入

地元愛を胸に農業の産業化で地域活性化に取り組む

四季の変化に富む日本で農業は古くから重要な産業であり、単なる食糧生産の手段や経済活動に留まらず文化や歴史の根幹をなしてきた。例えば「茄子の花と親の意見は千に一つも無駄がない」という諺や、〝冬至にかぼちゃを食べると風邪をひかない〟という言い伝えなど、農作物に関する格言は私たちの生活にしっかりと根差している。しかし現在、農業は多くの課題を抱えている。その最たるものは農業従事者の高齢化や離農者の増大による農業人口の減少だ。

農業は耕運機やトラクターなどの農機が必要で初期投資が高額になる。しかも収穫高が軌道にのるまで収入が安定しにくく、自然環境に依存する部分が大きく個人の経験に頼りがちになるなどの難しさもある。日本を支えてきた産業でありながら、経営が不安定で収益的に乏しいという現実に直面する。こうした中で、農家ではなく企業として農業に取り組み、着実に売上を伸ばし続けている会社が兵庫県姫路市にある。若手社会起業家、八百伸弥代表取締役が率いる株式会社みつヴィレッジだ。同社は農業の産業化および農業をテーマとした地域活性化を目的に平成26年に設立された。大きな特長は、日本初の取り組みとなるプロバイオシス（細菌や微生物と共生しながら病害虫に強い植物を育てる）と植物生理学に基づく農法を、ICT（ロボット）技術を活用した生産環境管理の元で行っていることだ。この2つを掛け合わせ、高品質、高収穫量を共に満たす農業を実現させた注目の企業だ。

みつヴィレッジのオススメ加工品15種セット

みつヴィレッジの創業者である八百社長は、大阪大学基礎工学部でロボット工学を専攻し大学院で修士を修めた。

「アニメ『機動戦士ガンダム』やホンダが開発したＡＳＩＭＯに影響を受け、将来は二足歩行ロボットに関わる仕事に就きたいと思っていました。そこで大阪大学基礎工学部でロボット工学を専攻しました」と八百社長。

精力的に研究を行い論文も学会で評価されたが、二足歩行ロボットブームはやがて下火になった。就職活動時に自分のやりたいことを見つめ直した結果、経営や経済活動について学ぶため株式会社船井総合研究所に入社。3年間勤務した後、ＩＴ型農業ビジネスを実現すべく株式会社みつヴィレッジを設立した。異色の経歴だが八百代表には確固たるビジョンがあった。それはロボット工学研究者および経営コンサルタントとしての知見を活かし、農業を産業として確立させ地元に貢献する事だ。八百社長がこうしたビジョンを掲げるのには地元の名士だった曽祖父の存在が大きい。曽祖父はたつの市御津町の町長を24年にわたって務め、揖保川河口にある成山新田の開拓事業や綾部山梅林の観光化などを通して地域の活性化に努めた。雇用を促進し、地域の産業振興に尽力した功労者で、曾祖父の偉業を伝える逸話を聞いて育った八百代表は、自分もいつか事業で地域社会に貢献したいと思うようになった。

「私が目指す地域活性化は継続的発展が見込めるものです。外部から人を呼び込むだけでなく、ヒト・モノ・カネが地域の中で回ることと定義づけました。その辺りのノウハウは船井総研でみっちり叩き込まれました」こう話す八百社長だが、船井総研時代に農業分野で長年コンサルを担当していた先輩との出会いに大きな影響を受けたという。

「私の最後の出社日に長年農業コンサルをされていた先輩が飲みに誘ってくれました。その折に農業に関するあるビジネスプランの話をしてくれたのですが、それが今のみつヴィレッジの原点になっています」

こうした機縁から八百社長はロボット研究者、ビジネスコンサルタントとしての知見と地域活性化に尽くしたいという志を胸に、ＩＴを活用した先進の企業として農業ビジネスへ身を投じた。

高い栄養価と美味しさで大人気の「八百ちゃんトマト」

戦略的なマーケティングとトマトの高付加価値化を実現

みつヴィレッジの主力商品となっているのは社長の姓にちなんだ「八百ちゃんトマト」だ。農業は未経験、さらに後発組と不利なみつヴィレッジが主力商品にトマトを選んだ理由は2つある。

1つはトマトの市場規模が野菜の中で1位を占め、国民が年間1人あたり平均3、000円を消費していることだ。これは2位の玉ねぎ、3位のキュウリに比べ3倍以上だという。もう1つの理由は他の野菜、

甘味と酸味がのバランスが抜群の「八百ちゃんトマト」

例えばホウレンソウなどに比べて味の違いがわかりやすいことだ。

「市場規模が大きいということは、人々の購買頻度が高いということ。それはお客さんが嗜好性を持っていることに繋がるので、美味しいトマトが作れたら私たちにもチャンスがあるのではないかと考えました」

現在、市場で人気のある高糖度トマトは競争が激しい。甘みを出すために水やりを控えて、苗にストレスをかけて育てる。そのため普通のトマトに比べ収穫量は半分程度まで落ちる。単価は普通のトマトに比べて高いものの、全体的な粗利益はあまり変わらなくなる。

こうした現状を踏まえて八百代表は、栄養価の高さを付加価値にしたトマトを作れば儲かると判断した。その実現に向け採用したのがプロバイオシスと植物生理学に基づく農法だ。これは、酵素の働きによって土壌バランスを整え、微生物を活性化して植物本来の力を引き出す農法だ。株が最もアミノ酸や糖、ビタミン類などの栄養を作りやすいように光合成を促進させる。さらに八百代表の専門分野であるロボット技術を活用し、光合成に最適な環境を作るため日照時間やビニールハウス内の温度・湿度、二酸化炭素の濃度などを細かく設定し、最適な水量や土壌の状態を管理している。

戦略的に考え抜いたマーケティングとＩｏＴ（モノのインターネット）の活用によって、従来農家の長年の経験や勘に頼っていた部分を数値で〝見える化〟し、高付加価値化に成功した。

こうして生まれたみつヴィレッジの「八百ちゃんトマト」は、手に取るとしっかりした弾力と重みがあり、身がみっちりと詰まった印象を受ける。「甘みと酸味のバランスがいい」「昔のトマトの味がする！」と消費者からの評判も上々だ。

「地元の人に食べ続けてもらい、健康づくりに貢献するには安全性の確保が必須です。できるだけ農薬を使わないことに拘っています。通常普通の農家では、弊社の規模で、化学農薬を年間１００～２００万円程度使っていますが、当社は数万円程度に過ぎません」と胸を張る。

卸問屋などの中間ルートを省いて消費者が買いやすい価格を実現しつつ、キロ当たりの販売粗利は一般的な農家の２倍程度をキープする。従来の〝稼げない農業〟とは大きく異なる、〝儲かる農業〟のビジネスモデル確立に成功している。

地域の繋がりを作り出す「場」としてのカフェを開設

無添加食品の提供や食物に関するイベントが地域の交流を生む

平成29年10月、八百代表はみつヴィレッジに続き「自然派マルシェＲｅｂｉｒｔｈ Ｖｉｌｌａｇｅ（リバースヴィレッジ）」の運営（カフェと物販）を行う株式会社リバースヴィレッジを立ち上げた。自然派カフェでは、できる限り添加物を使わないモーニング、ランチ、スイーツ、ドリ

子供たちの笑顔が溢れるいちご狩り

ンクを提供し、店内で無添加加工食品や自然派洗剤なども販売している。社名や店名に共通するリバースは「生まれ直す」という意味だ。昔ながらの〝村の集まり〟をイメージしつつ、地域の繋がりを新しい形で作り直すという想いが込められている。

「原点という言葉には、化学調味料を使わず美味しくて体にいい食品を作るという意味も含まれます。したがってリバースヴィレッジで扱っている食品は無添加にこだわっています」

添加物を使わず美味しさを出すには、時間をかけてゆっくり製造しなければならない。そのコストの分、添加物が入っている商品より割高になるのは避けられないが、どちらが本来あるべき食品で、かつ体に良いかと聞かれれば答えは明らかだろう。

兵庫県内には八百社長のこだわりと志に共感する食品メーカーも多い。互いの商品を支援する形で相互販売したり、リバースヴィレッジ店内で食品に関する勉強会や食べ比べ会などのイベントを共催したりして、地域の人々の健康を支える活動を盛んに行っている。

「来店されるお客様からは、『もっと食べたい』『まだ食べられる』とよく言われます。すいすい食べられて胃もたれしないからでしょう。添加物入りの食品は、食べた瞬間はすごく美味しいけれど後から気持ち悪くなったりします。食品本来の味覚に親しんでいただければと思います」

健康的で美味しい食事と楽しいイベントを通して人の交流が生まれる。八百社長が願う地域の繋がりが大きく身を結びつつある。

全ての活動を価値の連鎖として捉える「バリューチェーン」の考え方

「食の安全を守ろうとする人々に購買を通じて支援を」

様々な商品やサービスがあふれる現在、他社との差別化を図るには自社の製品、サービスに他社にはない付加価値を付ける必要がある。その付加価値を考えるために有効なのが、全ての活動を価値の連鎖として捉える「バリューチェーン」と呼ばれる考え方だ。

農業でも「フードバリューチェーン」が農林水産省によって推奨されており、付加価値の例として農産物自体の品質の向上、加工による魅力的な商品作り、販売ルートの開拓や認知されるための工夫などが挙げられる。

農業の分野ではみつヴィレッジをはじめ、付加価値を高める努力を重ねる企業が少なからず存在する。しかし多くの消費者は商品の購入時、その企業の取り組みや意識の高さよりも、安さや手軽さなど目先のメリットに左右されがちだ。

だが〝安かろう〟の消費志向が減農薬野菜や無添加商品など、本当に体に良いものを追求する農作物の販売を難しくしている。八百代表はこの現状に警鐘を鳴らす。

「農作物や加工食品は出荷するまでに多大な時間と手間を要します。今はコロナ禍で色々と厳しい時期ですが、こんな時だからこそ食の安全を守ろうとする人や企業を応援してほしいのです。安全で体に良い野菜や食品を購入することで、大きな支援になります」と呼びかける。

日本が誇る農業を先進の産業として生まれ変わらせる

「名実ともに日本が世界に誇れる国になってほしい」

農業を食の一次産業と位置付けつつ、加工食品の開発や小売店の強化まで多角的に手がける八百社長。次の展開として現在の売上5,000万円弱からまず1億円、そして10億円を目指すという。

「軸足を農業に置き、さらに付加価値を付けるため観光事業や教育事業との連携も考えています。例えば旅館とコラボレーションして、ツーリズムとして食事と農業体験をしてもらい、宿泊するというイベントを実現したいですね」

農業が真に産業として成り立つためには行政の関与が欠かせないと指摘する八百社長は政治への関心も高い。農業の産業化による地域活性に取り組み行政とのやり取りを行う中で、現場だけでは解決できない問題もあると痛感するからだ。「経済的に地域を活性化するためには、ビジネスは政治と切っても切り離せません」と八百社長は力説する。

「私は日本が名実ともに世界に誇れる国になってほしいと思いながら仕事をしています。四季がある日本という国だからできる農作物と、それらを使った日本の味を世界に発信していますが、根底にはいつもその想いがあります」

古来、長きにわたって日本を支えてきた農業を、科学的かつ戦略的なマーケティングと最新のテクノロジーを駆使して次代を担う先進ビジネスに生まれ変わらせた八百社長に、先覚者としての気概と秘めた闘志を伺わせる。

President Profile

八百 伸弥（やお・のぶや）

兵庫県出身。

大阪大学基礎工学部でロボット工学を学んだ後、同大学院に進学。

卒業後は株式会社船井総合研究所勤務を経て独立。

平成24年に地元・姫路市で農業の法人株式会社みつヴィレッジ、同27年に株式会社リバースヴィレッジを設立。研究分野を活かしたIT型農業ビジネスを展開している。

Corporate Information

株式会社 みつヴィレッジ

http://www.mitsu-village.com/

Mitsu Village

所在地

〒671-1231 兵庫県姫路市網干区大江島805番地
TEL 079-271-3283 FAX 079-272-1072

設立	従業員数
平成26年10月	14人

事業内容

農業事業、卸事業、農業支援事業、直売所運営

株式会社 リバースヴィレッジ

所在地

〒671-1204 兵庫県姫路市勝原区朝日谷119-1 TEL 079-280-1608

設立	事業内容
平成29年10月	自然派マルシェ リバースヴィレッジ運営

自然派マルシェ リバースヴィレッジ

営業時間	定休日
09：00 ~ 16：00（日祝は ~ 17：00）	不定休

企業理念

私たちは農耕型ビジネスを通じてお客様に小さな幸せを何度も何度もお届けします。

顧客に寄り添い、顧客にベストな選択を力強くサポート

「あらゆる不動産に合理的な価値を見出す」をモットーに独自のビジネスモデルを展開

強引な
売り込みはせず、
本当にお客様が
必要とする物件を
提供します

株式会社 友永堂

代表取締役 **大橋 樹**

コロナ禍で多くの業種が経済的に大きな打撃を受ける中、本業の収入が不安定になったビジネスマンの間で、新たな収入源を求めて投資への関心が高まっている。

投資には株式投資、FX（外国為替取引）、投資信託などがあるが、なかでも不動産投資は若年層や年収が多い層ほど興味が高い。しかし不動産投資は初期費用が高く、空き室や滞納、不動産の価格が下落するなどのリスクがある上に、投資の仕組みがわかりにくいことから多くの人が二の足を踏む。

大阪市福島区に本社を置く株式会社友永堂は、不動産投資を考える人、不動産投資に関する疑問や問題意識を持つ人の頼れるパートナーとして、不動産投資物件の売買を中心にした賃貸・管理も行っている。大橋樹社長は自ら不動産投資を手掛け、長年の経験から得た知識を活用して顧客にとって真に有益な情報を提供している。不動産投資を仲介する業者は数多いが、顧客にベストな選択を力強くサポートする顧客本位の事業展開で独自の地歩を固めつつある。

投資用物件を専門に売買、賃貸、管理まで細やかに対応

顧客との良好な関係作りで、無理な売り込みをしない

「あらゆる不動産に合理的な価値を見出す」をモットーに日々、顧客の立場に立った事業を展開する大橋社長。友永堂の業務内容は不動産の売買、賃貸、管理そしてコンサルティングと多岐にわたる。不動産売買では固定の顧客に対し、資産入れ替えや事業の拡大縮小に伴う不動産の売却および購入をサポートする。住宅は扱わず投資用物件のみを扱う点が特徴だ。また弁護士や司法書士な

顧客第一主義を貫く

どが担当する相続や破産処理などの案件に伴う不動産の処分も手掛ける。法学を学び、大手不動産仲介会社勤務で得た知識やスキルをもつ大橋社長ならではの対応だ。

不動産賃貸業務では、不動産を経営するオーナーから預かった空き室賃貸物件がメインだ。基本的に飛び込み客への対応はしないが、社屋のある大阪府福島区周辺の店舗や事業者へのサポートは積極的に行っている。例えば既存顧客の事務所移転や新規出店の対応などだ。不動産管理の業務では、同社が保有する物件や不動産オーナーから受託した物件の賃料回収、ビルメンテナンスを担当している。丁寧できめ細やかな対応を行うため受託する物件数は抑えている。しかし、顧客からの相談に対しては、大橋社長が太鼓判を押す安心できる優秀な管理会社やメンテナンス業者を紹介している。

「メインの事業である不動産売買は既存のお客様がほとんどです。新規でお問い合わせをいただいたお客様とはじっくりお付き合いして、それぞれのお客様にとって最も適切な時期に資産の売却や物件の購入をご提案できれば、という考えです。スタンスは10年、20年という長丁場を想定しています」と語る大橋社長。不動産投資ではオーナーとの良好な関係作りが必要不可欠な条件だ。そのため大橋社長は人間関係を損なうような無理な売り込みは絶対しない。顧客のニーズを丹念に汲み取り、ニーズにマッチした最適な案件を紹介するのが大橋社長のスタイルだ。そもそも大橋社長が独立したのは、組織に属すると組織の利益優先の営業を求められるシーンもあり、本当に顧客の利益になるビジネスを実行できないという理由からだ。友永堂は顧客にとって心強い、不動産投資の頼れるパートナーなのである。

入社した会社で不動産の面白さに目覚め実務経験積む

自らも不動産投資を行い、平成30年に友永堂を設立

大橋社長は関西学院大学を卒業後、「将来的に独立できる職業に就きたい」と司法試験に取り組んだ。新司法試験改革を機に勉強を切り上げ、計測機械の専門商社である関計株式会社に就職した。ちょうど不動産事業部を立ち上げようとしていたタイミングで大橋社長が入社した。一緒に不動産業務を担う予定だった先輩社員が3ヶ月で退職したため、実質は大橋社長1人で全ての部門に対応したという。競売で物件を買い、賃貸マンションを建築し投資商品として売却するのがメインの業務だった。

「最初はさほど不動産に興味がなかったものの、司法試験の受験勉強で学んだ知識を活かせる部分も多く、その面白さに目覚めました」と当時を振り返る。

就職から3年後、大橋社長は大手不動産仲介業の東急リバブルに転職した。事業用不動産の仲介ノウハウや顧客ルート開拓で実践経験を積み、社内で毎期トップ10に入る好成績を収めた。勤務の傍ら大橋社長は自ら不動産投資も行っていた。最初はキャッシュで兵庫県伊丹市にある土地を購入し、月極駐車場として運用した。続いて融資を受けて大阪府豊中市にある、当時で約6、500万円の11室ある賃貸マンションを購入した。どちらも確実に収益を上げ、サラリーマン投資家として実績を積んでいった。

こうした実績を経て平成30年に独立した。開業した友永堂の社屋は、すでに大橋社長が約5、000万円で購入した物件だ。購入物件の賃貸収入で生活できる状態を確保してから独立に踏み切ったという。

「不動産投資を手掛けた目的はまず実務ノウハウを身につけること。また独立に向けて収入を安定させること。独立費用を捻出するとともに、金融機関からの融資を受けやすくするためです。サラリーマンだった時に投資物件を取り扱っていたので、金融機関の考え方はよく理解できました。これまでの経験から学んだ知識や実務が大いに奏功しました」と大橋社長。

自らの投資体験に基づく強い説得力で顧客の信頼を得る

目先の利益にとらわれない顧客本位の提案を実現

他の不動産仲介業者にはない友永堂の大きな強みは、大橋社長自らの不動産投資実績に基づく顧客への説得力に溢れるアドバイスにある。不動産会社に勤める社員は不動産に関する知識はあっても、体験に基づく生々しい知見を話せない。この点友永堂のコンサルティングは他社には真似のできない大きなアドバンテージといえるだろう。しかも大橋社長は不動産投資において数多くの成功体験を持つ。そのため顧客からの信頼も一段と厚いものがある。

「顧客のほとんどは富裕層で投資に慣れています。そんな方々が、例えば20代の担当者から、『この案件がお勧めです』などと言われても、耳を貸す気になれないでしょう。いくら会社自体がビッグネームでも、自分で不動産投資をしていなければ本当の説得力は生まれません」

大橋社長によれば、不動産投資で最も大切なのは段取りだという。まず、投資物件を購入する前に住宅ローンを組んでおく必要がある。借入をしている状態で住宅ローンを組むのは至難の業だからだ。そこを間違えると最初から躓いてしまう。また投資物件の融資を受けるにも担保を持っていなければ難しいため、大橋社長は最初の投資物件をキャッシュで購入しスムーズなスタートを切っている。こういった現実的なアドバイスは経験者でなければ難しい。実体験からくる説得力に加え、不動産投資で十分に生活していけるだけの利益を上げていることも、会社にとって大きなメリットになっている。目先の損得に捕らわれることなく、焦らず本当に顧客の利益に繋がる提案だけを行うことができるからだ。

「会社以外に収入源をもっていればこそ、仕事の目的を単に収益だけでなく、顧客の役に立つことに置くことができます。それに、お客様の役に立てば利益は後からついてくるものです」と大橋社長は噛みしめるように語る。

不動産投資の最大のハードルは良い物件を手に入れること

顧客の数だけ不動産投資の成功例がある

不動産投資の中でも初期費用が比較的少なく、初心者向けといわれるのがワンルームマンションへの投資だ。そのためサラリーマン投資家への第一歩として派手にアピールする広告も多い。しかし大橋社長はこの傾向に警鐘を鳴らす。

「現実は2、000～3、000万円のローンを組んで購入した物件で、毎月のキャッシュフローが2,000~3,000円でも成功だといわれます。その程度の利益しかなく、しかも空き室リスクが大きい。さらに経年劣化で賃料が落ちればすぐキャッシュアウトになってしまう。全くお勧めできません」

新築のワンルームマンション物件の表面利回りは3%後半~4%といわれ、利回り・空き室リスクともに低い。3~4%ならさほど低くないと思うかもしれないが、表面利回りは年間の賃貸収入を物件の購入価格で割った指標であり、実際は物件の家賃収入などで得られる表面利回りから経費を差し引くため利益はもっと低くなる。

一方、築20~35年くらいの中古マンションは購入価格が安くなる分、表面利回りは7%~10%と高くになるが、空き室リスクもグッと高くなる。またローンを利用する場合は収支がプラスになるまで時間がかかる。ワンルームマンション投資にはこれだけのリスクが付きまとう。不動産投資の成功例と聞くと大きな利益が手に入ることをイメージしがちだが、「最大のハードルは良い物件を手に入れることだ」と大橋社長は指摘する。情報が豊富で一般客でもアクセスしやすい住宅物件と違い、投資物件の情報は流通量が圧倒的に少ないからだ。

「当社のように投資用の事業物件を扱う会社そのものが住宅を扱う会社に比べると少ない上に、良い物件が出たら事業者はまずお得意様にお知らせします。そのため初心者にはなかなか良い物件

交通至便な場所に本社を構える株式会社友永堂

情報は回ってきません」

例え耳寄りな情報を得たとしても、立地、築浅、構造、収入の状態など好条件がそろった物件は全顧客が狙ってくるため、競争率が非常に高くなるのだ。条件の良い事業用の投資物件を手に入れるのがどれほど難しいかが分かる。

しかし購入して利益を得るだけが不動産投資の成功ではない。手持ちの不動産を良い条件で売却し、債務状況を改善することによって成功に結びつくケースもある。顧客の数だけ成功があるのだ。

不動産投資初心者はもちろん経験者でもその難しさ、複雑さに唸ってしまいそうだが、大橋社長は、「こんなご時世だからこそ新しく不動産投資を考えている方、または既に不動産投資を行っているが問題を抱えて悩んでいる方に、親身になってアドバイスしてまいります。なんでも相談してください」と呼びかける。

理想は利益の追求よりどこまでも「顧客第一主義」であること

信頼してくれる顧客のために自身がマンツーマンで業務にあたる

他社にはない強みを武器に、常に顧客ファーストで業務を行う大橋社長。多様な案件を扱い多くの顧客と関わりつつも、ビジネスの拡大にはさほど興味がないという。

「従業員を雇うとその人たちの生活に対して責任が出てくるので、どうしても利益追求に目を奪われがちです。そうなると私が理想とするお客様第一主義という仕事ができなくなる恐れがあります。それにお客様は僕のスキルやノウハウを信頼してくださるので、他の人に任せるのではなく私

自らの不動産投資実績に基づき、顧客に的確なアドバイスをする

自身で対応したいのです」

今後は保有不動産を増やすことで収入を安定させ、その分、顧客のために費やす時間をさらに増やしたいという。幸い不動産投資はコロナ禍による影響が少ないようだ。むしろ本業が振るわず、店舗を売ってマンション投資に切り替えたり、住居に買い替えたりする人が増えている。

「不動産物件がまた下がったら下がったで、キャッシュを持っている方々に買ってもらうことを考えます。どの層にアプローチするかが変わるだけなので、やりようはいくらでもあると思っています」

「志が低いのかもしれませんが、私自身大きなビジョンを掲げて世の中の役に立ちたいというような想いはありません。私ができるのはお客様や家族など、周りの人々を幸せにすることです。でもそれだけは精一杯やり遂げていきたいと考えています」と熱く語る。

今後ますます不動産投資に注目が集まるが、顧客とより良い関係を築くことを第一に、大橋社長は独自のスタイルを貫きつつ幸せの輪を広げていく。

President Profile

大橋　樹（おおはし・たつき）

滋賀県出身。関西学院大学卒業。

弁護士を目指して司法試験に励み、新司法試験改革を機に不動産業界に進む。

関計株式会社から不動産仲介業の東急リバブル株式会社に転職。

経験・スキルを積み平成30年に独立し株式会社友永堂を立ち上げる。

「あらゆる不動産に価値を見出す」をコンセプトに独自のビジネスモデルを展開している。

Corporate Information

株式会社 友永堂

https：//uado.net/

所在地

〒553-0003　大阪市福島区福島2丁目10番12号
TEL　06-6110-5951　FAX　06-6110-5953

設　立

平成30年8月

事業内容

不動産売買、不動産賃貸、不動産管理、コンサルティング

企業理念

あらゆる不動産に合理的な価値を見出す。

お好み焼き激戦区の大阪で圧倒的人気を誇る老舗名店

人の縁（ゆかり）を大切に、「美味しい」を次世代へ繋ぐ

大阪が誇る
お好み焼きの食文化を、
次世代に継承することが
私の使命です

株式会社 ゆかり

代表取締役　**山下　真明**

大阪を代表する食文化と言えば、「お好み焼き」や「たこ焼き」などの「粉もん文化」を真っ先に挙げる人は多い。中でもお好み焼きは、「広島焼き」「ねぎ焼き」「モダン焼き」のように、生地の焼き加減や中身の具材によって味が変化し、多彩なバリエーションを楽しめる食べ物として、老若男女を問わず人気が高い。大阪人のソウルフードと言っても過言ではないお好み焼きだが、そんなお好み焼きの本場大阪で、多くの食通から圧倒的支持を受けている名店がある。大阪市北区に本店を置き、関西と、関東でチェーン店を展開する株式会社ゆかりだ。大阪で美味しいお好み焼き店と言えば、必ずその名前があがるほど、ゆかりの人気と実力は群をぬく。

「ゆかりという名前は、人と人との縁(ゆかり)を大切にしたいという創業者の想いが込められて名づけられた屋号です。お客様はもちろん、お取引先様の方、働く社員さんも、ご縁があって出会っている。そのご縁を大切にしながら、大阪が誇るお好み焼きの食文化を次世代に継承することが私の使命です」

こう語るのは、現在4代目としてゆかりを率いる代表取締役社長山下真明氏だ。山下社長は昭和58年生まれの37歳。温厚で穏やかな物腰とは裏腹に、持ち前の行動力と実行力で社長就任後は次々とアイデアを具現化してきた若き敏腕経営者である。

全国で初めて「塩焼そば」と「オムそば」メニューを開発

確かな美味しさと独創性が、ゆかりの真骨頂

大阪の「キタ」と呼ばれるエリアは、買い物客や他県からの観光客でにぎわう大阪屈指の繁華街だが、そこからほど近くのお初天神通りにゆかり曽根崎本店は店を構える。この地はお好み焼きの

曽根崎通りにあるゆかり本店。
いつ訪れても常連客の人波が絶えない

激戦区といわれるほど有名店が軒を連ねるが、安定した美味しさで常連客の心を掴むゆかりは、いつ訪れても行列の波が絶えない。

赤い看板がひときわ目を引く店内に足を踏み入れると、内観はモダンでシック。さすがに老舗店の風貌を感じさせる趣きだ。

看板メニューは多彩だが、特に売れ筋は、豚肉に加えて、イカ、ムキエビ、タコなど新鮮なシーフードが入った特選ミックス焼。口に入れると細かく刻んだキャベツの甘味と豊富な具材が合わさって何とも言えない美味しさが広がる。外側はサクっと、中はふんわりした生地も絶妙だ。5種類のチーズがふんだんにトッピングされたフロマージュ焼は、チーズ好きの女性客からの評判を呼び、数々のＴＶ番組でも紹介された。

また、大きな目玉焼きが3つも乗り、直径30センチ、重さが1キロのボリューム感満点の「大阪城」や、カレー味をベースにしてカレー好きとお好み焼好きの両方のニーズを満足させる「インディアン焼」など、ユニークで斬新な人気商品を次々と生み出している。「塩焼そば」や「オムソバ」など、今ではどこの店でも当たり前にあるメニューも、ゆかりが全国に先駆けて初めて創り出したメニューだ。確かな美味しさと、独創性に富むメニュー。これこそが、ゆかりの真骨頂といえる。

美味しさの秘訣は上質な原材料を厳選した「ゆかり七自慢」にあり！

伝統と改革の両輪で、厳しいコロナ禍を乗り越える

ゆかり創業の歴史は、昭和25年に山下社長の祖父と祖父の姉夫婦が、ぜんざいや焼き餅などを販売する「甘味処」の店としてスタートしたことに端を発する。

その後昭和40年には、高度経済成長の波にのって当時ブームとなっていた洋食も手掛けるようになり、今の業態であるお好み焼きに進出したのは昭和47年のことだ。

「お好み焼きの参入としては、後発でした。そこで他店との差別化を図るために、食材を徹底的に厳選するようになったと、先代の父から聞いています」

キャベツ・粉・卵・ソース・マヨネーズ・出汁・そばなど、お好み焼きを作る上で欠かせない7つの材料に対するこだわりは「ゆかり七自慢」としてホームページ上にも詳しく紹介されている。

国産で鮮度の高いキャベツや、栄養価が高く濃厚な味が特徴の高級鶏卵「ヨード卵・光」、きめ細かくケーキにも使用できるグレードの高い特等粉など、すべて自信をもって提供できる逸品ぞろいだと山下社長は胸を張る。一般的にお好み焼きの原価率は2割と言われる中、ゆかりの原価率は4割にも達しているとのこと。「ここまで食材にお金をかける店は全国でも数社しかいない」と、業者にも驚かれるそうだ。また、ソースやマヨネーズ、出汁など、お好み焼きの味を決定づける調味料はすべて「洋食屋時代のコックが作ったオリジナルのレシピ」を継続しているのも、ゆかりの大きな特徴だ。毎年これら原材料は他社を含めたブラインドテストを行い見直す機会を設けているが、結局は「このままの味が一番美味しい」という結論に落ち着くそうだ。

オンライン販売で人気 NO1 の商品
「ほんまもんのどて焼」

このように老舗としての伝統を継承する一方で、新しい改革も推進中だ。コロナ禍によって現在過酷な状況にある外食産業。多くの店が自粛や時短営業などを余儀なくされる中、ゆかりもその影響を大きく受けた。そこで店舗型の事業を補うため、山下社長が新たな事業の柱として始めたのがオンライン販売。中でも一番人気を集めている商品が、「大阪名物・ほんまもんのどて焼」だ。

厳選された国産牛すじ肉を柔らかく煮込み、甘く濃厚な味噌でからめたこの商品は、ごはんと食べても良し、ビールやお酒のつまみにしても良しと、そのオールマイティさが受けている。こうした付加価値が評価され、注目の商品やサービスを紹介する書籍『令和のベストヒット大賞２０２０』にも選出された。「ゆかりの原点である店舗型事業は大切にしながらも、通販事業や新しいスタイルの事業にも力をいれて、コロナ禍に負けないしっかりとした経営基盤を構築することが、今後の課題です」と山下社長は前を見据える。

大阪が誇る食文化「お好み焼き」を次世代の子供たちへ

食育の目的は「美味しい記憶の継承」

常に未来を見据えてアグレッシブに行動している山下社長だが、今後のゆかりの展望については大きく二つをあげる。まず一つ目は、お好み焼きを次世代に継承していくことだ。

「私にとってお好み焼きは、美味しい食べ物という枠を超えて、大阪の貴重な食文化であり、末永く継承していきたい文化遺産なのです」と語る山下社長。お好み焼きに対する想いと情熱は誰よりも熱い。その一方で飽食の時代と言われ、食の好みも多様化してきている現代、特に子供たちの間でお好み焼き離れが進んでいるのではないかという危機感を持つ。「私たちの世代は子供の頃、よく大人に連れられてお好み焼きを食べにいったものですが、今はそうした機会自体が減っているように思います」

そんな山下社長に、今年一つの転機が訪れた。「上方お好み焼たこ焼協同組合」の理事長に就任することが決まったのだ。関西の著名なお好み焼きとたこ焼きの9社が集うこの協同組合は、「粉もん文化の普及と継承」をミッションに精力的な活動を展開している。山下社長が理事長就任後の課題としてあげるのは「子供たちへの食育」だ。

「私が理想の形として目指すのは、『広島焼き』の食育です。広島県では、小学校の遠足でオタフクソースの工場見学をしたり、広島焼きの体験学習を教室で行ったり、幼い頃から県をあげて食育活動を徹底的に行っています」幼い時に美味しいと思い記憶に残った食べ物は、大人になっても継承されていくと山下社長は語る。「子供たちに『お好み焼きは美味しい食べ物だ』と知ってもらい、未来へ繋がる食育を行うことが、私の目指すゴールです」と熱く語る。

「美味しいは国境を超える」ゆかりの新たな戦略グローバル事業

お好み焼きを通じて、世界の人々を笑顔に！

二つ目の展望は、ゆかりのブランド名で海外に出店するグローバル事業計画だ。その中核を担う人材として、3年前から外国籍の正社員を採用している。

「フィリピン、ミャンマー、台湾、中国など国籍は様々ですが、外国人従業員の共通項は非常に知識が豊富で優秀だということです。将来ゆかりが海外に出店する際には、店舗を任せられる人材として育成しています。日本語能力が高いだけではなく、日本人にはない発想力も持っているので大いに期待しています」と山下社長。通訳や翻訳の仕事の他に、特に力を入れて取り組んでいるのがSNSの発信だ。インスタグラムやツイッター、ユーチューブの動画などで、ゆかりの店舗や、お好み焼きについての情報を提供。その言語は英語や中国語、韓国語など幅広い。

「海外の方にはお好み焼きがどのようなものか正しく伝わっていないことも多いので、お好み焼きの知識や美味しさを広く知ってもらうことが目的です」

またコロナ禍で止まっていたインバウンドが戻ってきた時には、グローバル社員を中心とした「お好み焼き体験学習」の開催も計画している。これは、外国人観光客が自分で直接お好み焼き作りを体験できるというもの。

「その時に各国の言語で作り方の説明をしている動画を流したり、グローバル社員を通訳として配置すれば、観光客も安心して楽しむことができるのではないかと思っています」

通訳の対応までしている店舗は少ないため、他店との差別化をPRすることも可能だ。グローバル事業は今後のゆかりの大きな柱となることを、山下社長は確信している。「優秀な社員がそれぞれの母国でゆかりの看板を掲げ、美味しいお好み焼きで現地の人々を笑顔にする」――山下社長の視線の先には、そんな輝かしい世界戦略が広がっている。

自らの背中で社員に示す持論「人の可能性は無限大」

多くの縁（ゆかり）に感謝しながら、第4創業期を駆け抜ける

「人の可能性は無限大である」とは、山下社長が日頃から語る持論だ。その思いは、現場で苦楽を共にして働く大切な社員にこそ知ってほしい真理だという。

「自分はどうせここまでの人間だからと、制限をかけて生きるのは、とてももったいないことだと思っています」

その言葉を体現するように、山下社長自身も忙しい仕事の合間をぬって個人スキルを高めるための努力を怠らない。税務・労務・不動産・建築など様々な専門知識を習得するとともに、自社でオリジナルデザインを創作するためにイラストレーターを学ぶなど、貪欲な姿勢でトライし続けている。そこには、「人の可能性は無限大」であることを自らの背中で示すことで、社員にも自分の可能性を信じて飛躍してほしいと願う山下社長の想いがある。

「私は縁あって出会った社員さんの人生が、幸せになるようリードするのがトップの務めではないかと思っています。そのために私のできることは、どんな努力も厭わないつもりです」こう言い切るほどゆかりの社長としての矜持を持つ山下社長も、かつては家業を嗣ぐことに強い反発を感じていたという。「その頃は独立したい思いが強くありました。後継者になることは敷かれたレールの上に載ることだと思っていたんですね」

しかし、そんな山下社長に当時の親友は会うたびに「山ちゃん、あなたは敷かれたレールと言うけど、それは違う。敷くのはあなたやで」と、繰り返し語りかけてくれたそうだ。

お好み焼きを未来に継承していくために山下社長の挑戦は続く

その親友とはその後ささいな喧嘩がきっかけで、音信不通に。彼が亡くなったとの訃報が届いたのはそれから数年後のことだった。「実は亡くなる1週間前に電話をもらっていたんですが、若かった当時の私はまだ怒っており、電話に出なかったんです」

最期に言葉をかわせなかった後悔とともに、甦ってくるのは「敷かれたレールと違う。敷くのはあなたやで」という親友の言葉。山下社長はその時、改めてゆかりを継ぐ意味を自問自答し続けたという。そしてその先に出た答えは「社長になることは、決して4代目として敷かれたレールにのるのではない。むしろ自分自身が創りあげていく、第4創業期だ」というものだった。山下社長の胸の中には、亡き親友と共に人生を生きている実感がある。「彼が見たいと思っていた景色、したいと思っていたこと。それは私にはわかりませんが、彼の分まで生きて二倍速で進んでいかなければならないと思っています」

青春時代を共に過ごした亡き親友も、縁あって入社してくれた大切な社員さんも、そして「美味しかった。また来るよ」と声をかけてくれる有難い常連客様も、人生の交差点で出逢い、大事な縁(ゆかり)で結ばれている。これからもそんな人と人との縁(ゆかり)を大切にしながら、お好み焼きという貴重な食文化を未来へ継承していくために、山下社長は全力疾走で駆け抜けていく。

President Profile

山下　真明（やました・まさあき）

昭和 58 年生まれ。大阪府出身。
16 才から家業である「お好み焼ゆかり」でアルバイト。
高校卒業後、音楽業界、小売業界を経て 24 歳で、後継者として株式会社ゆかりに入社。

フランチャイズ店である、天三店など数店で経験を積み、平成 24 年専務を経て同 28 年 7 月社長就任。

老舗お好み焼き店の活性化を図るべく社内改革を推進中。

Corporate Information

株式会社 ゆかり

https：//www.yukarichan.co.jp/

所在地

〒 530-0057　大阪市北区曾根崎 2-14-13（お初天神通り）
TEL　06-6311-0218　FAX　06-6311-0219

創　業

昭和 25 年 4 月

設　立

昭和 28 年 3 月

資本金

2000 万円

従業員数

171 人（パート含む）

店舗数

9 店舗（FC1 店舗）

事業内容

お好み焼チェーン

ゆかり七自慢

キャベツ自慢・粉自慢・たまご自慢・ソース自慢・マヨネーズ自慢・出汁自慢・そば自慢

従業員第一を掲げ、業界ナンバーワンの利益率を誇る「お菓子のデパートよしや」

早起き・感謝・掃除力・思いやりで不況知らずの優良経営を実現

従業員を大切に、
思いやり世界一の
会社を目指します

株式会社 吉寿屋

代表取締役社長　**神吉　一寿**

株式会社 吉寿屋

「思いやり世界一の会社」を社是に総額7000万円を従業員に還元

TV番組「カンブリア宮殿」出演で大きな反響を呼ぶ

かつてパナソニックを一代で築き、経営の神様といわれた松下幸之助氏は、企業のトップが確固たる企業理念を持つことの大切さを繰り返し説いたと言われる。言い換えれば、「この会社は何のために存在するのか、経営をどういう使命で行うのか」という根源的な問いかけだ。経営者にとって根幹をなすテーマだが、それに容易に答えられる者は少ない。

この問いに対して「従業員を幸せにすることと、思いやりの精神で事業を行い、社会に受けた恩をお返しすることです」と明確に答える経営者がいる。菓子の卸売小売販売商社として「お菓子のデパートよしや」を展開する株式会社吉寿屋の神吉一寿社長だ。大阪府摂津市に本社をおく同社は一般的に菓子卸業の経常利益率が0・66%と言われる中で、驚異の2・5%の数字を叩き出し、業界ナンバーワンの利益率を誇る。昭和39年の創業以来、オイルショックやバブル崩壊、リーマンショックなど、幾多の不況の荒波に揉まれながらも一度も赤字経営に陥ったことはなく、無論リストラも行ったことはないという優良企業だ。

すこぶる健全な経営実績と共に吉寿屋の大きな特徴としてあげられるのが、従業員を何よりも大切にする企業理念だ。給与やボーナス以外にも年間7000万円もの高額金額を従業員に還元する報酬制度があり、その稀有な社風はTV番組「カンブリア宮殿」でも驚嘆の声と共に取り上げられ、多くのメディアからも取材を受けている。新型コロナの流行で日本中の企業が疲弊している今だからこそ、従業員第一を掲げて躍進を続ける吉寿屋の魅力に、大きな注目が集まっている。

キットカットの巨大看板がひときわ目を引く心斎橋店。いつも大勢の買い物客で賑わう

吉寿屋の歴史は、昭和39年に神吉社長の父である武司氏が弟の秀次氏とともに、大阪市北区に菓子卸商を開業したことから始まる。創業22年目の昭和61年には卸業に加えて小売り業にも参入し、「お菓子のデパートよしや」1号店を天満の地にオープンした。以来順調に成長を遂げ、今では直営店37店舗、フランチャイズ店64店舗の計101店舗を数え、関西エリアのみならず、福井、岐阜、愛知、岡山など全国各地に販路を広げ、年間1億個の菓子を販売している。

神吉社長は平成28年に社長に就任すると、これまで父と叔父が作りあげてきた「従業員第一」の社風をさらに発展させた「思いやり世界一の会社」を社是とし、社内を牽引してきた。創業時から続く従業員に還元するユニークな報酬制度もまさにその一環だ。

「当社は毎年1回従業員全員が参加する『あみだくじ大会』で、当選した人に時価500万円相当の金の延べ棒が贈られます。また、毎月『じゃんけん大会』を開催し、海外旅行や国内旅行、大型家電や高級果物など多くのプレゼントを用意しています」と神吉社長。その他にも希望する従業員には家族全員の分までインフルエンザワクチンの接種費用を負担したり、全従業員に東京オリンピックのチケットを購入するなど、贈り物は多種多彩だ。その総額は実に年間7000万円にものぼるというから驚く。

こうしたイベントはTV番組の「カンブリア宮殿」などでも取り上げられ、大きな反響を呼んだ。コロナ禍を機に、改めて働く意味や仕事について考えるようになった昨今、吉寿屋の従業員を大切にする社風は、労働者と企業の在り方について一石を投じている。

創業時からの伝統、「人よりも早く起きて、人よりもたくさん働く」

当たり前のことを継続してこそ、絶対的な差が生まれる

神吉社長の朝は誰よりも早い。午前4時、まだ夜明け前の星が瞬く時刻に出勤する。早起きして「人よりたくさん働く」が、創業時からの吉寿屋の伝統だ。「父も朝5時には仕事をしていましたし、会長である叔父は今でも私より早い3時半に出勤しています。父のかねてからの自論は『経営者が朝7時までに出社する会社に倒産はなし』でしたが、私もそれを強く実感しています」

例えば、通常の出勤に1時間かかるところを、早起きすれば通勤ラッシュや渋滞に巻き込まれることなく20分で到着できるとする。そうすれば通勤にかかるストレスが半減するだけでなく、浮いた時間を有効に使えるようにもなる。また早朝のオフィスは電話がかかることもなく、静かな空間の中で仕事に集中できるため、自然と効率もはかどる。一日にするとわずか3～4時間の差でも、1年たてば大きな開きができるのは明白だ。この小さな積み重ねが、将来の事業の成功を左右する絶対的な差になるのだという。

「経営者が早朝に来て仕事をすることは、お金が一銭もかからずに自分の意志だけででき、なおかつ業績を上げるのに確実な戦略です」と力説する。また、仕事が始まる前に神吉社長が必ず行う

あみだくじ大会で当選した社員と記念撮影

ことがある。それは会社のトイレ掃除と、感謝の思いで手を合わせることだ。

「トイレ掃除はもう20年近くやっています。ゴム手袋などは使わずに、素手で便器がピカピカになるまで磨き上げます」と笑顔で語る神吉社長。

昔から水回りをキレイにすると、出世したり、運が良くなるといった言い伝えがあるが、神吉社長は「トイレ掃除をしていると無心になり、ふといい考えが浮かんだりします。淀んだ空間の中ではいい発想も浮かびません。身の回りをきれいにすることはすべての基本ではないでしょうか」と話す。

常に感謝の気持ちを忘れないことも、神吉社長が最も大切にしていることの一つだ。「父からはいつも『お世話になった方を絶対に忘れてはいかんぞ』と言われ続けてきました。そのためわが社では社内に供養塔を建てて、亡くなった社員や取引先、お世話になった人たちに毎日手をあわせています」

「早起きして人よりも多く働く」「感謝の気持ちを忘れない」「トイレ掃除など常に身の回りをきれいにする」

どれも簡単に出来そうでいて、毎日続けるとなると難しいものだ。吉寿屋が躍進し続ける秘訣は、この当たり前のことを当たり前にやり続ける「継続力」にあるのだろう。

コロナに負けるな！「日本中を元気にするでープロジェクト」

明るく笑顔になれる企画で「社会への恩返し」

コロナウイルスのパンデミックで世界中が激変した2020年。日本経済も大きな打撃を受け、先行き不透明な閉塞感は、世の中に暗い影を落としている。そんな世相を少しでも明るくしたいと考えた神吉社長は、自らが発起人となって「なにわ元気にするでープロジェクト」を立ち上げた。

このプロジェクトは大阪にゆかりのある企業とタッグを組み、「マスクDEおみや」と名づけられたオリジナルのマスクケースを制作・販売したものだ。おなじみの菓子商品のパッケージや外食産業などのロゴがあしらわれた商品が作られ、斬新でユニークな発想が大きな話題を呼んだ。

「こんな時だからこそクスっと笑えて、明るく楽しい商品を作りたかった」と神吉社長。商品の好評を受けて参加企業も関西のみではなく、全国のホテルや水族館、ラーメン店、プロバスケットチームなど様々な業種に広がりを見せ、プロジェクト名も「なにわ元気にするでープロジェクト」から「日本を元気にするでープロジェクト」にスケールアップした。売り上げの一部は「国境なき医師団」や「あしなが育英会」に寄付され、社会貢献にも一役買っている。

また第二弾として「デザイン力で日本を元気にする」をコンセプトに、マスクケースのデザインを一般公募する「マスクケースデザインコンペティション2021」を開催。15歳から30歳以下の若者が対象で、6月1日には優秀作品が発表された。受賞者には賞金と商品化された際の印税が支払われることになっており、「コロナ禍で仕送りやアルバイト収入などが減り、苦境に立つ学生の手助けになることができれば嬉しい」と神吉社長は語る。一連のプロジェクトの根底にある思いは

「社会への恩返し」だ。

「私たちが長年にわたり事業を継続できたのも、お客様をはじめ取引先など多くの人の支えがあったからです。このような厳しい時こそ、明るい企画を立ち上げて、大阪や日本中を元気にしていきたい」と熱く語る。2025年の大阪万博にも審査が通ればプロジェクトから出店を予定しているという。「今後も皆が笑顔になれるような取り組みを積極的に行っていきたい」と意欲をみせる。

強い企業体質を作るための新たな取り組み
メーカーと共に新商品開発にチャレンジ

新型コロナの終息が見えない中、かつてない未曾有の危機に直面している企業の経営者は、難しい舵とりを余儀なくされている。吉寿屋を率いる神吉社長にとっても、それは例外ではない。

「今回のコロナ禍をきっかけに、どのような不測の事態が起きても揺らがない、強い会社の仕組みづくりの必要性を痛感しました」と語る。そのため、従来の卸業や小売業に加えて、今後は海外貿易や菓子商品のプロデュースなど新たな事業の柱を強化していく方針だ。

「海外貿易は小売業参入と同時に開始しており、今では中国、フィリピン、インド、ドバイなど12カ国にお菓子を輸出しています。コロナ禍で今は少なくなっていますが、終息すれば更に力を入れていきたい」と語る。

一方の菓子商品のプロデュースは、ロングセラー商品である蒟蒻畑で有名なマンナンライフ社をサポートする形で「蒟蒻畑・ミックスジュース味」を企画し、近畿限定で今年4月8日からJRの新大阪や天王寺、姫路などの駅中で販売した。マンナンライフ初のレール限定商品で、お土産にもなるとあって注目度も高く、味も大阪名物のミックスジュースを忠実に再現していると好評で、売れ行きは上々だ。

また、大阪の商品が盛りだくさんの「大阪玉手箱」を郵便局と企画し、6月1日にリリース。

「こちらは、故郷小包の形態をとっていますが、中身は英国屋様、味覚糖様、都こんぶ様（中野物産様）など大阪の企業の商品をゆうパックで送るようになっています。参画している9つの企業の中のどの商品が入っているのかは分からず、届いてからのお楽しみということで、玉手箱というネーミングにしました」と神吉社長。様々なアイディアを具現化し、吉寿屋の次のステージを着実に展開している神吉社長だが、新しい事業分野を確立することで、リスク分散を図っていくことが今後の課題だ。「1つの事業がダメになっても、複数の事業があれば生き残っていくことができます。今後も新しい事業を生み出す企画力や商品力で、強い企業体質を作っていきます」と力強く語る。

父の教え「人に何かを施した時は、決して見返りを期待しないこと」

従業員が幸せを実感できることが、会社経営の究極の目的

従業員の幸せを何よりも大切に考える吉寿屋では高額報酬制度を実施しているが、その動機を「モチベーションを高めるため」ではないと神吉社長は語る。

「私は父から『人に何かを施した時は、決して見返りを期待してはいけない。見返りを期待するならやめておきなさい』と繰り返し教えられました。ですから報酬はあくまで感謝の気持ちの表れであり、それによって更なる実績を上げようとする手段ではありません」と言い切る。また、経営の

企業のロゴ入りマスクケースは、
ユニークなアイディアが評判を呼んだ

方針として売り上げ目標を掲げないことも決めている。一般的に多くの企業では、経営計画を詳細に練って、売り上げや利益の目標数値を出すものだが、神吉社長はかつて一度も打ち出したことがないという。

「目標数値を出せば、従業員はプレッシャーを感じて無理をすることもあるでしょう。そのようなことは私の本意ではないからです」

本来、会社の数値目標のプレッシャーは従業員ではなく、経営者が1人で背負うものだと考える神吉社長は、数字の「目標」よりも従業員が幸せを実感できることを会社経営の究極の「目的」にしたいと語る。こうした血の通った思いやりの精神というものは、必ず通じるものがある。従業員一人ひとりを大切にする会社を、辞めたいと思う者はいない。むしろ会社存続の危機に見舞われた時は、一丸となって守りきろうとするだろう。ここにこそ、業界トップの利益率を誇り、成長を遂げている吉寿屋の真の強みがある。

「縁あって入社してくれた従業員を幸せにすることは、経営者の使命です」と笑顔で語る神吉社長。「思いやり世界一の会社になる」というゆるぎない経営理念の実現を、神吉社長が達成する日はそう遠くない。

President Profile

神吉　一寿（かみよし・かずとし）

昭和 41 年大阪府生まれ。昭和 63 年京都産業大学卒業。株式会社吉寿屋に入社。

配送業務や営業、店長、FC のスーパーバイザーなどを経験した後、専務を経て平成 28 年代表取締役に就任。

吉寿屋を「思いやり世界一の会社」にすることを目標に掲げ、社員の励みになるようなユニークな企画や奨励制度を実施し、業界トップクラスと所得を目指している。

Corporate Information

株式会社 吉寿屋

https：//www.okashi.jp/

所在地

〒566-0064　大阪府摂津市鳥飼中 3-3-36
TEL　072-650-6788　FAX　072-650-5788

設　立

昭和 43 年 7 月（創業昭和 39 年 6 月）

資本金

7,500 万円

事業内容

菓子卸販売　（菓子、食品、飲料、アイスクリーム、ケーキおよび冷凍ケーキ）

吉寿屋の使命・目指すもの

「泣き声を笑顔に」「大人を子供に変える」「生活に小さな幸せを与える」ことができる菓子という魔法のかけら・アイテムを通じて、卸売業・直接販売・FC 展開を行うことで、「みんなの心を豊かにする」事を目指しています。

Ruby 言語を活かし豊かな未来を拓く

IoT 社会を支える WEB エンジニアの精鋭集団

過疎地域の
経済活性化は
日本が今後力を入れて
いくべき課題です。
企業の地方進出は
地方経済活性化にも
繋がります

株式会社 Ruby 開発

代表取締役　**芦田　秀之**

社会のあらゆる部分に大きな変化をもたらしたインターネット。１９９０年代の普及以降、年々進化を遂げ、今では仕事や買い物が自宅でできるのは当たり前。車の自動化や電化製品の遠隔操作も徐々に実用化されつつあるなど、30年前には想像もできない世の中となった。

また社会に様々なサービスを提供する企業の側も、業種・業界関係なく、インターネットの活用は不可欠なものとなっている。

こうした世の中の仕組みを裏で支えるのが、ＷＥＢエンジニアを含む各種ＩＴ人材。専門の知識と技術をもった彼らが今のＩｏＴ社会を形づくっているのだ。

都内に本社を構える株式会社Ｒｕｂｙ開発は、Ｒｕｂｙ言語を駆使した幅広い分野のＷＥＢサービス開発をメイン事業として多くのクライアントを獲得。同時に売上げも右肩上がりに伸ばしている躍進のＩＴ企業だ。

「ＩＴ業界のみならず、今は建設、医療、アパレルなど、あらゆる業界から仕事の相談・依頼を頂いています。こうした幅広い業界のニーズにしっかりと応えていくためにも、優秀な人材を揃え、より強固な組織をつくっていかなければと考えています」

こう力強く話すのはＲｕｂｙ開発株式会社代表取締役社長の芦田秀之氏。今からおよそ10年前、「地方の優秀なエンジニアを守る」という使命のもと創業した会社は今、地方創生活動などで社会に大きな貢献を果たすなど、数あるＩＴ企業の中でも一際大きな存在感を放っている。

「コンピューターの時代が来る」とITの世界へ

優秀なエンジニアを守るべくＲｕｂｙ開発を設立

「地方の優秀なエンジニアを守りたい」とRuby開発を設立

Ｒｕｂｙ開発の現代表で創業者でもある芦田社長は昭和42年生まれの53歳。音楽が得意な一家で生まれたが、音楽の道には進まず生来の成長意欲から情報処理系の専門学校へ進んだ。まだまだ世の中がアナログだった１９８０年代に「早晩コンピューターの時代が必ずくる」と確信し、ソフトウエアの開発会社に就職した。

「とにかく仕事人間で当時から人の2倍くらい働いていました」と、入社後すぐに頭角を現し、25歳でプロジェクトリーダーを任されるなど、仕事の才能を発揮。こうして順調なキャリアを重ねていた芦田社長だったが、仕事の無理がたたって心身共にボロボロの状態となってしまう。「一度自分のキャリアを考え直し、今の会社を辞めて違う業界で働こうと考えました」

27歳の時に会社を辞め、個人でソフトウエア開発の仕事を請け負いながら、運送業・看板業など他業界の仕事も経験した。未知の世界に飛び込み、自身のキャリアを形成していたが、「やはり自分にはＩＴの世界が性に合っている」と、再びＩＴ業界へ戻ることを決め、都内のＩＴ企業に就職した。新たに勤めた会社でも間もなく実力を発揮し、任されたフィールドで目覚ましい成果を挙げていた。そんな獅子奮迅の活躍を続けていた芦田社長に大きな転機が訪れる。それが２００８年のリーマンショックだ。

「私が担当していたエリアは過去最高益を叩き出していましたが、その他のエリアはリーマンショックの影響でかなりの業績不振に陥りました」

業績不振によって会社はスタッフの大量解雇を決断。そしてこれをきっかけに芦田社長は起業を決意し、会社設立に向けて動き出すこととなる。

「当時いたスタッフや取引先の方々はみんな優秀なエンジニアばかりでした。彼らの活躍の場を奪ってはいけない。何とか彼らを守りたいという想いから、受け皿となる会社を作ろうと思い立ちました」

こうして平成24年に株式会社Ｒｕｂｙ開発を設立した。芦田社長は「リーマンショックがなければ誕生していなかった会社であったと思います」と振り返る。

開発スピードが格段に上がるＲｕｂｙ言語

ベンチャーから大手企業まで数多くの開発実績

現在Ｒｕｂｙ開発は、日本と海外に7つの拠点をもつ。営業エリアは日本のみならずアメリカ、インド、ベトナムとグローバルに展開し、およそ80人の精鋭スタッフが活躍している。創業から10年足らず、ここまで順調な歩みを見せてきた。Ｒｕｂｙ開発の事業の柱は、社名の由来ともなっているＲｕｂｙ言語をメインにした各種のソフトウエア開発だ。

Ｒｕｂｙ（ルビー）とは日本で開発された比較的新しいオブジェクト指向スクリプト言語だ。こ

日本と海外に7つの拠点を持つRuby開発は
現在およそ80名の精鋭スタッフが活躍

のスクリプト言語は、アプリケーションソフトウェアを作成するためのプログラミング言語で、日本発のプログラミング言語の中で初めて「国際標準化機構（ＩＳＯ）並びに国際電気標準化会議（ＩＥＣ）」に認められた言語でもある。主にＷＥＢサイトやショッピングサイト、ＳＮＳ開発などで使用され、近年爆発的に増えているスマートフォン向けのアプリもほとんどがこのＲｕｂｙ言語で開発されている。

「私がＲｕｂｙ言語と出会ったのは今から10年ほど前の事で、それまで使っていたＪＡＶＡなど既存の言語に比べても開発スピードがかなり早く、Ｒｕｂｙ言語導入によって仕事の生産性が格段に上がりました。Ｒｕｂｙ言語があれば独立してもやっていける。それほど大きな手応えを感じました」

創業から今日まで、ベンチャーから大手企業、自治体など様々な業界からの依頼を受け、Ｒｕｂｙ言語を駆使して営業支援ＥＲＰパッケージやデータ規格チェックツール、マーケティング解析ツール、業務管理システム、疾患リスク予想ツールなど、クライアントのニーズに応じて数多くの開発実績を積み上げてきた。

「平成30年ころになると、こちらから営業活動をしなくてもRuby開発という社名だけで問い合わせや仕事の依頼がくるようになりました。まだ国内ではRuby言語を専門としたソフトウエア開発会社は多くありません。私たちがパイオニアであり、そして業界のトップランナーとして確固たる地位を維持するためにも、Ruby言語を扱うことができる優れたエンジニアを育成していく必要があります」

「何とか姫島を救いたい」と魅力あふれる大分県姫島に進出

地方創生の一環としてサテライトオフィスを開設

株式会社Ruby開発の国内5つの拠点の中の一つに大分県・姫島村がある。この人口およそ1800人の離島への進出は、芦田社長にとって大きな夢への第一歩だった。

「会社も軌道に乗っていた平成29年、企業価値を高めるにはどうすればいいか。方法を模索していたタイミングで、大分県からお話を頂きました」

きっかけは、ドローン養成塾だった。ここにRuby開発スタッフが参加し、ドローンのフライトコントローラー開発（アイデア含）コンテストでMVPを受賞。この技術をいたく気に入った大分県から、技術活用の依頼とともに、姫島への拠点づくりの話を受けた。「現地へ視察に行かせて頂くことになりましたが、当時私の頭の中に大分県への進出は全く考えていませんでした」

しかしこの視察で芦田社長の気持ちが大きく動くことになる。「島は人口減少が進み、高齢者率は約50％。主要産業である漁業の衰退も著しく、雇用の場の減少がそのまま人口減へと繋がり悪循環に陥っていました。一方で島内の豊かな自然環境やそこで育まれる食べものはとても美味しく、姫島ならではの魅力も大いに感じました」

視察を終えた芦田社長は運命的なものを感じ、「何とか姫島を救いたい」と、すぐに拠点をつくることを決めた。こうして平成30年1月に株式会社Ｒｕｂｙ開発姫島サテライトオフィスが誕生。姫島への企業進出は44年ぶりということで、当時各メディアにも大きく取り上げられた。

地方創生活動に貢献して企業価値も向上

「地方への進出で優秀なエンジニアを守りたい」

姫島へ進出して3年程が経過し、この間20代の若い夫婦が移住を決めるなど、過疎に悩んでいた村は少しずつ変わろうとしている。今後、雇用創出、人口増、村の若返り、そして経済活性化と無限の可能性を秘める。「いずれ姫島をＩＴアイランドと呼ばれるような場所にしていきたい」こう瞳を輝かせて話す芦田社長は「姫島進出は当社にとっても素晴らしいものとなりました」とも。

「地方創生活動によって、他のＩＴ企業との差別化をはかることができ、Ｒｕｂｙ開発全体で優秀な若手社員の採用が進みました。また当社が課題としていた企業価値の向上に繋がっていることも間違いありません」

芦田社長は、今後も地方創生活動を他の地域でも積極的に推進していきたいという。

「今はリモートでほとんどの仕事を完結することができますし、都会より地方の方がネット速度も速い場合もあり、仕事をする環境として地方は申し分ありません。ＩＴ企業と地方は実は相性が良いのではと感じています」

今現在、複数の自治体からも誘いを受けており、第2段の地方進出計画が水面下で進んでいる。

「過疎地域の経済活性化は日本が今後力を入れていくべき課題です。企業の地方進出は地方経済活性化にも繋がりますし、私自身が常々抱いていた『地方の優秀なエンジニアを守りたい』という想いにも合致します」

姫島モデルを皮切りに、〝地域社会の未来を拓く〟という壮大な目標に向かって芦田社長は今後も挑戦を続けていく。

成功の要因は相手の立場に立つこと、常に新しいものへの挑戦

エンジニアの人材確保、育成にも力を注ぐ

サラリーマン時代は任された事業をことごとく成功に導き、経営者となった後も事業をゼロから始めて成長軌道に乗せるなど、ＩＴ業界というフィールドの中で常に成功を手にしてきた芦田社長。ＩＴの寵児ともいえる彼には2つのぶれないスタンスがある。それは常に相手の立場に立つこと、そして新たなことへの挑戦だ。

「自分だけが良ければいいという考えではなく、お客様や社会全体にとってどうなのかということを常に考えながら仕事を行ってきました。こうした利他の精神でいたからこそ、自然と仕事も上手くいき、思いがけない人との出会いやチャンスも多く舞い込んできたのだと思います」

そして新たな挑戦に関しては「Ｒｕｂｙ言語の導入や起業、海外進出や地方創生など、リスクを

「Rubyと聞けば誰もが当社を思い浮かべるような会社になっていきたい」と話す芦田社長

恐れることなくチャレンジしてきました。新しいことに挑戦しなければ、大きな成功を収めることは絶対にありませんから」と断言する。Rubyは設立からもうすぐ10年を迎えるが、芦田社長は「まだまだ道半ば」だという。

「Rubyと聞けば誰もが当社を思い浮かべるような、そんな影響力、そして存在感のある会社になっていかなければなりません」

こうした目標を達成するため、芦田社長は目下エンジニアの確保と育成に心血を注ぎ、IT資格取得費用のサポートやIT系セミナー、展示会への参加推進、オンライン学習や社内勉強会など様々な取り組みを精力的に行っている。

「日本以外のアジア各国の意欲や才能ある人材も積極的に採用し、みんなが刺激し合いながら競争し、切磋琢磨して技術と知識を身につけていってもらいたい」

スタッフ、クライアント、地域社会、そして社会全体の明るい未来を切り開くため、芦田社長の飽くなき挑戦が続く。

President Profile

芦田　秀之（あしだ・ひでゆき）

昭和 42 年生まれ。千葉県出身。
日本電子専門学校工学部情報処理科卒業後、株式会社 NID 入社。
個人事業主（ソフトウエア受託）を経て株式会社エムディアイ入社。
平成 24 年 9 月株式会社 Ruby 開発創業。代表取締役。
平成 29 年 6 月 RUBY DEVELOPMENT VIETNAM CO.,LTD 創業。代表取締役。
一般社団法人 Ruby ビジネス推進協議会理事。
座右の銘「至誠通神」

Corporate Information

株式会社 Ruby 開発

https：//www.ruby-dev.jp/

所在地

〒 150-5117　東京都港区浜松町 2-4-1　世界貿易センタービル南館 17 階
TEL　03-4567-2650

設　立

平成 24 年 9 月

資本金

4,550 万円

従業員数

76 人

事業内容

各種アプリケーション設計開発、受託開発サービス、自社サービス開発、研究開発

MISSION

「Ruby × 革新技術で豊かな未来を拓く」
Ruby の深化と進化。そして取り巻く様々な技術との融合、昇華。

デジタル社会における
情報セキュリティのスペシャリスト集団

ICカード（トークン）の認証技術・暗号技術で、情報資産の「機密性・可用性・完全性」を確保

パスワードや
生体情報といった
鍵となる情報を全て
カード内で管理
している点が当社の
大きな特徴です

株式会社 ローレルインテリジェントシステムズ

代表取締役社長　**藤井　幹雄**

テクノロジーの進化により、情報管理の多くが紙から電子へと切り替わり、情報の受け渡しもネットワーク上で行われることが当たり前の時代となった。便利な反面情報漏えいなどのリスクが常につきまとい、自治体や企業といった業界問わず重大な情報流出のニュースが世間を騒がせることも珍しくない。こうした中で重要となってくるのが情報の管理、セキュリティだ。紙の管理であれば物理的な入れ物や鍵がセキュリティのツールとなるが、電子においてはコンピューター上の入れ物、そしてそれを開ける鍵の構築が重要となる。

東京に本社を構える株式会社ローレルインテリジェントシステムズは、平成元年の創業以来電子の情報セキュリティシステムの開発に特化した事業を展開し、多くのクライアントから絶大な信頼を集めている企業だ。

「コロナ禍にともない在宅ワークやネット取引が以前にもまして増加し、幅広い分野でセキュリティ強化の必要性が高まっています。こうしたニーズに応え、デジタル全盛の現代社会の安心・安全に貢献していきます」こう話すのは同社代表取締役社長の藤井幹雄氏。情報セキュリティのスペシャリスト集団を率いて、多忙な日々を送る同氏に企業の歴史や取り組みを詳しく伺った。

創業の出発点は銀行業務の機械化・合理化システムの開発

情報管理は紙から電子へ。時流と共に情報セキュリティ会社を設立

ローレルインテリジェントシステムズの創業は平成元年。同社が誕生したきっかけは遡ること60年前。創業者の鳥飼將迪氏（現相談役会長）が当時勤めていた富士銀行（現みずほ銀行）にて、業

指静脈、顔、指紋など様々な認証方法を容易に追加することができる

務の機械化や事務集中処理システムの開発を担当したことから始まる。

「鳥飼会長は昭和51年に紙幣バラ出し可能なオンライン現金自動支払機の開発を企画し、その要である現金支払機の開発をローレルバンクマシンに委託しました。開発は順調に進み、世界初の紙幣バラ出し型オンライン現金自動払出機を完成させたのです」

手作業であったもののコンピューター化。世の中にとって便利なシステムの開発に成功した鳥飼氏は一方で「コンピューター上にある情報セキュリティの重要性」も強く感じるようになる。こうして鳥飼氏は、時代背景の後押しも受け、情報セキュリティ専門の会社を立ち上げることを決意。冒頭の年の12月に、鳥飼氏と日本では数少ない暗号研究者の一人であった平田耕三氏ら5人でローレルインテリジェントシステムズを設立した。

藤井社長は「当初インテリジェントシステムズという社名の予定でしたが、ローレルバンクマシンから出資を受けるなど手厚い支援を頂いたことから、ローレルを冠した社名になりました」と説明する。創業メンバーに名を連ねていない藤井社長は、いつどのようにしてローレルインテリジェントシステムズと関わりをもち、代表取締役社長を務めることになったのか。そこには当時の鳥飼社長との運命的な出会いがあった。

運命に導かれてローレルインテリジェントシステムズへ

「周りへの感謝と出会った人との縁を大切に」

岩手県出身の藤井社長は東京理科大学理工学部を卒業後、電機メーカーである日立電子株式会社（現日立国際電気）へ入社。同僚と切磋琢磨をしながら順調にキャリアを重ねていた。しかし、入社5年目の時に「このまま今の会社で良いのか…」と自身の将来に疑問を抱くようになる。転職を決意した藤井社長が行き着いたのは、当時金融機関向けのシステム開発を行っていた日本アクティ・システムズという会社だった。今までの経験を活かし、システムインテグレーターとして再スタートを切った。

「私が28歳の頃で、ちょうど子供が生まれた時期でもありました。人生の中で大きなターニングポイントになりましたね」と振り返る。

日本アクティ・システムズでの仕事を順調にこなしていた藤井社長は、平成4年に後に代表となるローレルインテリジェントシステムズと接点をもつようになる。

「鳥飼社長（当時）が金融機関向けのデータ保管の新ビジネスを打ち出し、誰か手伝ってくれる人物を探していました。一方私は大きなプロジェクトが終わって一段落といったタイミングでしたので、すぐに私が手伝ってみましょうかと言って、その新ビジネスの概要を聴きに行ったのが最初の出会いでした」

運命に導かれるようにして、鳥飼社長（当時）と藤井社長が邂逅を果たすこととなった。

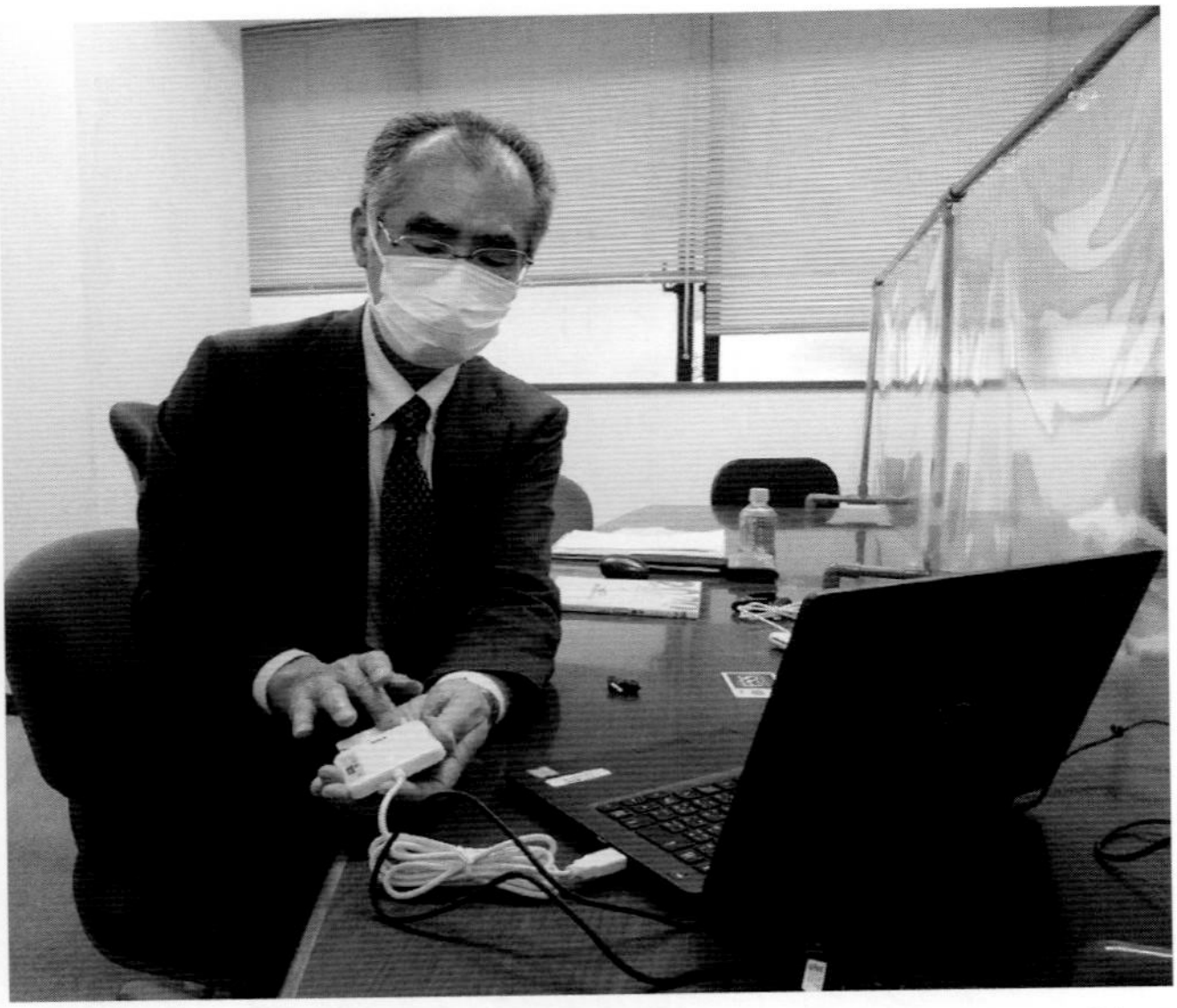

指紋センサー搭載カードによるセキュリティ管理

「鳥飼社長（当時）の凄まじい情熱に惹かれ、一緒にビジネスをさせて頂くことになりましたが、情報セキュリティ、特に暗号は私にとって未知の分野でした。でも知れば知る程興味が湧き、アイデア次第で色々できるんじゃないかと無限の可能性を感じたのを今も鮮明に覚えています」

日本アクティ・システムズを離れた藤井社長は、ローレルインテリジェントシステムズの開発会社としてローレルセキュアパークを設立。間もなく同社は本体に吸収され、平成9年9月に藤井社長は開発センター長としてローレルインテリジェントシステムズへ正式に入社をすることとなった。

その後、常務取締役企画開発本部長を経て、平成24年5月に代表取締役社長に就任。今は代表となって10年目を迎えている。

藤井社長は、「これまで山あり谷ありで色んなことがありました。しかしどんな時にも周りの皆様に対する感謝の気持ちを忘れず、出会った人との縁を大切にしてきました。今日私があるのはまさに皆様のお陰によるものです」と感慨深げに語る。

クライアントの情報資産を守るFSS（ファイル・セキュリティ・システム）

ICカードとパスワードの二要素認証を導入

設立から30年以上の歴史を刻んできたローレルインテリジェントシステムズは、これまで一貫して情報セキュリティシステムの開発・販売を行ってきた。

主力は同社オリジナルのFSS（ファイル・セキュリティ・システム）スマートシリーズ。ニーズや時代背景に応じてアップデートを繰り返し、現在はバージョン10が最新版となっている。

「当社が守るのはお客様の情報資産。守る上で注意しなければならないのは内部漏えいと外部からの攻撃です。そこで当社で採用しているのが、二要素認証と暗号キー・生体情報等の管理をICカード内で行う当社独自の仕組みです」

二要素認証を可能としているのがICカードとパスワードだ。大切な情報の入ったパソコンにリーダーライターをつけ、そこにカードを差し、パスワードを入力する。（※パスワード認証はカード内部で実行され、連続6回不正でカードロックとなる）これで初めてパソコンを開いて自由に操作ができるようになり、機密ファイルはカード内の複数暗号キーを利用して暗号化する、といった仕組みだ。

「ICカードのみ、パスワードのみではダメ。両方揃って初めて操作ができますし、離席時にカードを抜けばパソコンロックとなり、不正利用やパスワードの使い回しなどのリスクを防ぐことができます」

今ではパスワード認証の代わりに指静脈認証や顔認証といった仕組みで利用することもでき、令和3年には新たな二要素認証の仕組みとして「指紋センサー搭載カード＋指紋認証」システムを開発した。

新たな認証システムについて藤井社長は、「既存のユーザー様でも現行のFSSカードと新たな指紋センサー搭載カードを混在して使用することができ、追加導入が容易に行えますし、ネットワーク環境をこのシステム導入により変更する必要もありません」とアピールする。

「ユーザー様には従来からあるパスワード、指静脈、顔、そして今回の指紋の中からコスト面や強度面を考慮して最適なものを選んで運用頂ければと考えています」

二要素認証と機密ファイル暗号化を基本としたこのFSSは、ユーザーごとに扱えるデバイスを細かく制限する機能やパソコンの利用履歴を一目瞭然にできるログ管理、さらにはニーズに応じて様々なセキュリティオプションを付属させることもできる。

「こうした機能によって、不正操作・不正コピー・情報の持ち出しの防止や権限者による不正使用の抑制などに繋げられます」

FSS最大の特徴は「専用サーバー不要なシステム構築・運用」

ICカードによる情報管理でパソコン1台からでも導入可能

社会のニーズに応えて進化を続けてきたFSS（ファイル・セキュリティ・システム）だが、その裏には藤井社長をはじめとしたスタッフの飽くなき探求心と昼夜を分かたない努力の蓄積があった。

「寝ている時や移動中も常にメモを携帯し、アイデアが浮かべばすぐに記録をして開発に繋げていました。まだ世の中にないシステムの開発であったため、とにかく一日でも早く良いシステムを生み出そうと必死でした」と振り返る。

情報セキュリティに対するニーズの高まりとともに、ライバルとなる同業他社もこれまで多く存在。激しい競争にさらされ、潰れた企業も少なくない。

こうした中でも、ローレルインテリジェントシステムズは着実に売上げを伸ばし成長を続けてきた。今では地方銀行、信用金庫、信用組合、ＪＡなどの金融機関をはじめ、各省庁、地方自治体、警察関係、医療機関など全国的に幅広い業界で採用されており、ＦＳＳユーザーは数千社を超える。

このようにしてクライアントから大きな信頼を集めてきた大きな要因の一つが、ＦＳＳの最大の特徴ともいえる部分、「専用サーバー不要なシステム構築・運用」だ。

「パスワードや生体情報といった鍵となる情報を全てカードで管理をしている点が当社の大きな特徴です。これによって、パソコン1台でも1万台でも簡単にセキュリティを導入できます。当社オリジナルのシステムで、多くのユーザー様にご利用頂いているゆえんとなっています」

スタッフ一同が大切にするワーク・ライフ・バランス

「多くのユーザー様から選ばれる企業になりたい」

2年に及ぶコロナ禍は、法人、個人、そしてあらゆる業種・業界に大きな影響を及ぼしてきた。ローレルインテリジェントシステムズも多分に漏れず、一番の大きな変化は社員のテレワーク導入だ。

パスワードや生体情報といった
鍵となる情報を全てカード内で管理

藤井社長は「テレワークは私たちの理想の働き方を改めて考えるきっかけとなりました」と話す。

「昔の私は四六時中システムのことを考えていたせいか、片頭痛に悩まされました。でも今は私を含めスタッフみんなが自分のワークライフバランスを大切に考えています。仕事のオンオフを上手く使い分け、仕事と家庭を両立させ、スタッフみんなが心身ともに充実した人生を送って貰えればと願っています」

また藤井社長は「良いアイデアを出すためには気分転換も大事ですし、様々な情報に触れることも大切です。その点はテレワークにおけるメリットの1つとして活かしてくれればと思っています」とも。

コロナ禍を機に働き方が変わったというローレルインテリジェントシステムズだが、仕事のニーズも着実に増えている。そんな中で「今の時代の新たな生活様式を私たちのビジネスチャンスと捉えています。新製品を含め競合製品との差別化や優位性を積極的に発信し、他社システムとの連携も強め、多くのユーザー様から選んで頂ける会社になっていきたい」と力を込める。

ネットワーク社会の中での情報セキュリティというある意味時代の先頭をひた走る事業を手掛ける藤井社長。とても穏やかで優しい人柄が印象的だった。

President Profile

藤井　幹雄（ふじい・みきお）

昭和34年生まれ。岩手県出身。

昭和57年東京理科大学理工学部卒業。同年4月日立電子株式会社（現日立国際電気）入社。

昭和62年日本アクティ・システムズ株式会社入社。

平成8年株式会社ローレルセキュアパーク設立。

同9年株式会社ローレルインテリジェントシステムズ入社。

開発センター長、常務取締役企画開発本部長を経て平成24年代表取締役社長就任。

Corporate Information

株式会社 ローレルインテリジェントシステムズ

https：//www.lis-fss.co.jp/

所在地

〒105-0001　東京都港区虎ノ門1-1-10
第2ローレルビル1F
TEL　03-5510-4711　FAX　03-5510-3011

設立

平成元年12月

資本金

1億円

事業内容

情報セキュリティシステムの開発・販売
保守・サポート業務

企業理念

「誠意」「熱意」「創造」の三つを合言葉に、21世紀の社会基盤となる情報システムのセキュリティソリューションを提供することで広く社会に貢献。

《掲載企業一覧》

アース製薬株式会社

https：//corp.earth.jp/jp/index.html

代表取締役社長 CEO
アースグループ各社取締役会長　**川端　克宜**

〒101-0048　東京都千代田区神田司町 2-12-1
TEL 03-5207-7451㈹　FAX 03-5207-7484

アイジャパングループ

https：//i-japangroup.com/

代表取締役　**石川　翔太**

〒870-0131　大分県大分市大字皆春 1571-1　ぱせお 1F
TEL 097-529-5725　FAX 097-529-5728

株式会社 天野産業

https：//www.amano-recycle.com/

代表取締役社長　**天野　貴三**

〒289-1222　千葉県山武市板中新田 192-8
TEL 0475-89-1690　FAX 0475-89-1709

魚岸精機工業株式会社

http：//www.uogishi.co.jp/

代表取締役社長　**魚岸　成光**

〒939-0281　富山県射水市北高木 118-1
TEL 0766-52-5222　FAX 0766-52-5223

関西デジタルソフト株式会社

https：//www.digitalsoft.co.jp/

代表取締役社長　**沖上　俊昭**

〒530-0005　大阪府大阪市北区中之島 2-3-33　大阪三井物産ビル 5F
TEL 06-6228-3328　**FAX** 06-6228-3555

〈靱 Office〉　〒550-0004 大阪市西区靱本町 1-7-25　イトーダイ靱本町ビル 9F
TEL 06-6467-8198

株式会社 グランス

https：//www.glance-estate.co.jp/

代表取締役社長　**田中　浩二**

〒560-0021　大阪府豊中市本町一丁目 3 番 19 号 3 階
TEL 06-6846-7778　**FAX** 06-6846-7779

株式会社 廣榮堂

https：//koeido.co.jp/

代表取締役社長　**武田　浩一**

〒703-8245　岡山県岡山市中区 藤原 60
TEL 086-271-0001　**FAX** 086-272-4547

株式会社 サイエンスホールディングス

https：//i-feel-science.com/

代表取締役会長　**青山　恭明**

〒532-0011　大阪市淀川区西中島 5-5-15　新大阪セントラルタワー北館 5 階
TEL 06-6307-2400　**FAX** 06-6307-2444

三明機工株式会社

https：//www.sanmei-kikou.co.jp/

代表取締役社長　**久保田　和雄**

〒424-0037　静岡県静岡市清水区袖師町 940
TEL 054-366-0088　FAX 054-366-0158

〈清池工場〉　〒424-0402　静岡県静岡市清水区清池 156-2
TEL 054-343-1022　FAX 054-343-1023

〈海外法人〉　SANMEI MECHANICAL THAILAND（タイ）
蘇州賛明自動化科技有限公司（中国）

株式会社 スター交通

https：//www.s-koutsu.com/

代表取締役　**碓氷　浩敬**

〒370-0532　群馬県邑楽郡大泉町坂田 256-2
TEL 民間救急事業部　0276-20-0109　FAX 0276-20-1076
バス事業部　0276-20-1075

株式会社 第一コンサルタンツ

https://www.daiichi-consul.com/

代表取締役社長　**右城　猛**

〒781-5105　高知県高知市介良甲 828 番地 1
TEL 088-821-7770　FAX 088-821-7771

テラオライテック株式会社

https：//www.teraolitech.jp/

代表取締役会長　**寺尾　忍**

〒915-0806　福井県越前市本保町 8-5-1
TEL 0778-22-5215　**FAX** 0778-22-4100

日本オリバック株式会社

https：//oribackjapan.com/

代表取締役社長　**金原　巧治**

〒135-0063　東京都江東区有明 3-7-11　有明パークビル 20 階
TEL 03-6228-2713　**FAX** 03-6228-2713

株式会社 花のギフト社

https：//www.087gift.co.jp/

代表取締役社長　**益子　博美**

〒329-0214　栃木県小山市乙女 2 丁目 20−23
TEL 0285-45-0023　**FAX** 0285-45-0049

〈倉庫　TI センター〉　〒329-0216　栃木県小山市楢木 293−10

株式会社 Fabtech

https：//www.fabtech.jp/

代表取締役社長　**鳥居　彰夫**

〒982-0011　宮城県仙台市太白区長町 6-11-14-1204
TEL 022-207-3600

〈営業所〉　〒001-0923　北海道札幌市北区新川 3 条 5-5-5

株式会社 Beau Belle（ボーベル）

https：//trapo.info/

代表取締役 **山瀬　堅司**

〒468-0066　名古屋市天白区元八事 3 丁目 275 番地
TEL 052-875-9019　FAX 052-308-8713

株式会社 丸八製茶場

https：//www.kagaboucha.co.jp/

代表取締役社長 **丸谷　誠慶**

〒922-0331　石川県加賀市動橋町タ 1 番地 8
TEL 0761-74-1557　FAX 0761-75-3429

株式会社 みつヴィレッジ

http：//www.mitsu-village.com/

代表取締役社長 **八百　伸弥**

〒671-1231　兵庫県姫路市網干区大江島 805 番地
TEL 079-271-3283　FAX 079-272-1072

〈株式会社リバースヴィレッジ〉〈自然派マルシェ リバースヴィレッジ〉
〒671-1204　兵庫県姫路市勝原区朝日谷 119-1
TEL 079-280-1608

株式会社 友永堂

https：//uado.net/

代表取締役 **大橋　樹**

〒553-0003　大阪市福島区福島 2 丁目 10 番 12 号
TEL 06-6110-5951　FAX 06-6110-5953

株式会社 ゆかり

https：//www.yukarichan.co.jp/

代表取締役　**山下　真明**

〒530-0057　大阪市北区曽根崎 2-14-13（お初天神通り）
TEL 06-6311-0218　**FAX** 06-6311-0219

株式会社 吉寿屋

https：//www.okashi.jp/

代表取締役社長　**神吉　一寿**

〒566-0064　大阪府摂津市鳥飼中 3-3-36
TEL 072-650-6788　**FAX** 072-650-5788

株式会社 Ruby 開発

https：//www.ruby-dev.jp/

代表取締役　**芦田　秀之**

〒150-5117　東京都港区浜松町 2-4-1　世界貿易センタービル南館 17 階
TEL 03-4567-2650

株式会社 ローレルインテリジェントシステムズ

https：//www.lis-fss.co.jp/

代表取締役社長　**藤井　幹雄**

〒105-0001　東京都港区虎ノ門 1-1-10　第 2 ローレルビル 1F
TEL 03-5510-4711　**FAX** 03-5510-3011

おわりに

新型コロナウイルスの感染拡大の影響で個人消費や輸出、企業の設備投資が大きく落ち込み、2020年度のGDP（国内総生産）の実質伸び率はマイナス4・6％でリーマンショックが生じた2008年度のマイナス3・6％を超えて比較可能な1995年度以降で最大の下落を記録しました。

政府は2022年春までにGDPの規模をコロナ前の水準に戻すとしていますが、コロナ禍によって日本経済はかつてない大打撃を受け、20年に休廃業・解散、倒産した企業は5万7471件を数え、その大半は中小企業で占めています。長引くコロナ禍でビジネスパーソンの働き方や取引先とのビジネスパターンが大きく変化し、アフターコロナの時代にはこの流れがさらに加速すると見られます。

一方、超高齢社会と人口減少は加速の度を強め、本格的な人口減少社会で豊かな暮らしを維持するためには、労働生産性を高めるとともに、アフターコロナの時代にサスティナブルな発展に向けたダイナミックな経営革新が求められます。

今日、AI（人工知能）やIoT（モノのインターネット）、5G（第5世代移動通信システム）、フィンテック（金融×技術）、各種ロボットに代表される第4次産業革命の大きなイノベーションのうねりがあらゆる産業分野、社会生活の隅々に押し寄せつつあります。こうしたIT、ICTツールを駆使したDX（デジタルトランスフォーメーション）経営革新が、中小企業においても生き残りのキーワードとなっています。

さらにはグローバル化とデジタル化という世界のトレンドの中で、米中の激しい対立を背景に、国際社会における半導体をはじめとした重要物資の確保や、国際的なサプライチェーンの再構築が急務の課題となっています。同時にコロナ禍にあっては、消費者（生活者）と生産者、流通者が共に新しい価値を創るという「協創」の発想に立って、多くの産業で消費者が求めるオーダー品を大量生産品のように安価に創る「マスカスタマーゼーション」の志向が強まりつつあります。

　私たちはこれまで、個性的で独創的なビジネスモデルを立ち上げ、未踏市場、ニッチ市場を開拓し、オリジナル製品、独自サービスの提供で高い市場占有率を築いてきた活力あふれる企業を紹介する「煌めくオンリーワン・ナンバーワン企業」をシリーズ出版してまいりました。今回新たにシリーズ第6弾として、「煌めくオンリーワン・ナンバーワン企業　21世紀を拓くエクセレントカンパニー２０２１年版」が上梓の運びとなりました。

　本書に登場いただいた経営者の皆さんは、老舗の伝統産業に最新のテクノロジー、独自の経営革新を融合した次代を先取りするサステナブルな「ビジネスモデル」で独創的な経営境地を切り開いた経営者や、斬新な発想と革新的技術で常人では及びもしない独自サービス、独創製品の事業化に成功を収めた先進の経営者。さらに持続可能な「生産性革命」のフロントランナーとして高い生産性と企業価値の向上でアフターコロナに向けた未踏の地歩を築きつつある気鋭の経営者の皆さんです。

　コロナ禍にめげず、この苦境を奇貨として着実に成長の軌跡を歩み続ける不断のチャレンジャーとしての経営者たちが、親しく自らの口を通して語られた貴重なドキュメントを収録しています。そして今、アフターコロナで世界が新たな方途を模索する不透明な経営環境の只中に、「独創性」を身上とする中堅・中小企業経営者の真価が問われています。

　こうした時代背景の中で、本書が新しく社会に羽ばたこうとする若人や、スタートアップを志す起業家の皆さん、新たなビジネス開発に勤しむ事業家、持続可能な経営に日夜腐心される経営者の皆さんにとって、些かのご参考になればまことに幸甚に存じます。

令和三年八月

株式会社　産　經　ア　ド　ス
産經新聞生活情報センター

「煌めくオンリーワン・ナンバーワン企業 2021年版」
—— 21世紀を拓くエクセレントカンパニー ——

発行日　令和3年9月1日　初版第一刷発行
編著・発行　株式会社ぎょうけい新聞社
〒531-0071 大阪市北区中津1丁目11-8
中津旭ビル3F
Tel. 06-4802-1080　Fax. 06-4802-1082
企画　株式会社産經アドス
産經新聞生活情報センター
発売　図書出版 浪速社
〒540-0037 大阪市中央区内平野町2丁目2-7
Tel. 06-6942-5032㈹　Fax. 06-6943-1346
印刷・製本　株式会社 ディーネット

ISBN978-4-88854-540-2